卵サンドの探求と
料理・デザートへの応用

卵とパンの組み立て方

ナガタユイ

はじめに

"卵サンド"と聞いて、どんなサンドイッチを一番に思い浮かべますか?

ゆで卵で作る、マヨネーズ味の卵サラダサンドでしょうか?
それとも卵焼きのサンドイッチ?
オムレツサンドかもしれませんね。

みんなが大好きな定番の"卵サンド"には
実はいろいろなバリエーションがあり
シンプルだからこそ奥の深いメニューです。

そんな当たり前のメニューを一つ一つ分解してみたのが本書です。

基本の卵料理と食パンを組み合わせることがスタートです。

パンに卵を「はさむ」だけではなく、「のせる」「つける」
パンを卵に「ひたす」など、いろいろなパターンで組み立てながら
卵とパンのバランスを探ります。

メインではなく「卵が名脇役」となった世界のサンドイッチや
パンに合わせたい「世界の卵料理」などの応用編、
そして、最後は「パンと卵のデザート」まで
卵尽くしの内容です。

卵とパンの組み合わせを極めたい方だけでなく、
卵という食材の枠を超えて
パンをおいしく楽しむための
メニュー開発のアイディア集としてもご活用いただけます。

卵とパンの世界を巡りながら
サンドイッチの
さらなるおいしさを探求してまいりましょう!

ナガタユイ

Contents

01 パンに合わせる 基本の卵

- ゆで卵 …… 10
- 卵サラダ …… 12
- サワークリーム卵サラダ …… 14
- 煮卵サラダ …… 15
- 卵焼き …… 16
- だし巻き卵 …… 18
- オムレツ …… 20
- オムレツ【生クリーム入り】…… 22
- スクランブルエッグ【フライパンタイプ】…… 24
- スクランブルエッグ【湯煎タイプ】…… 26
- 目玉焼き …… 28
- ポーチドエッグ …… 30

卵のソース1 冷製ソース
- マヨネーズ …… 32

卵のソース2 温製ソース
- オランデーズソース …… 33

マヨネーズ + 食材アレンジ！
- からしマヨソース …… 34
- しょうゆマヨソース …… 34
- アイヨリ風マヨソース …… 34
- ルイユ風マヨソース …… 34
- オーロラソース …… 35
- サワーマヨソース …… 35
- タルタルソース …… 35
- 和風タルタルソース …… 35

卵のクリーム1
- カスタードクリーム …… 36

カスタードクリーム + 食材アレンジ！
- マスカルポーネ＆カスタード …… 38
- 生クリーム＆カスタード …… 38

卵のクリーム2
- ザバイオーネ …… 39
- 卵の基礎知識 …… 40
- 卵の道具 …… 42
- サンドイッチの基本　野菜の扱い方 …… 44

02 パンに卵をはさむ

ゆで卵 ×食パン
- 基本の卵サラダサンド …… 48
- なめらか卵サラダサンド …… 49
- 基本の卵サラダのはさみ方 …… 50
- なめらか卵サラダのはさみ方 …… 51
- 乱切り卵サンド …… 52
- 輪切り卵サンド …… 52
- 乱切り卵サラダのはさみ方 …… 53
- 輪切り卵のはさみ方 …… 53

食材アレンジ！
- 卵サラダときゅうりの全粒粉サンド …… 54
- 卵サラダときゅうりのライ麦サンド …… 55
- ざく切りきゅうりの卵サラダサンド …… 56
- 卵＆チキンとスティック野菜のサラダサンド …… 57
- 卵＆コーンサラダサンド …… 58
- 煮卵サンド …… 59
- ハーブ卵とスプラウトのサラダサンド …… 60
- ハーブ卵とハムのミックスサンド …… 61
- 輪切り卵とハムとレタスのミックスサンド …… 62
- 半割り卵とハムとレタスのミックスサンド …… 63
- 卵とえびとブロッコリーの全粒粉サンド …… 64
- 卵とサーモンとアボカドのライ麦サンド …… 65

卵焼き ×食パン …… 66
食材アレンジ！
- 焼きいもの卵焼きのレーズンパンサンド …… 68
- からし明太子とねぎの卵焼きサンド …… 69

だし巻き卵 ×食パン …… 67
食材アレンジ！
- 桜えびのだし巻き卵サンド …… 70
- かにと三つ葉のだし巻き卵サンド …… 71

オムレツ ×食パン …… 72
食材アレンジ！
- ベーコンとほうれん草のオムレツサンド …… 74
- カプレーゼ風オムレツサンド …… 75

オムレツ【生クリーム入り】×食パン …… 73
食材アレンジ！
- トリュフ風味のきのこオムレツサンド …… 76
- サーモンオムレツサンド …… 77

スクランブルエッグ ×食パン …… 78
食材アレンジ！
- しらすとねぎのスクランブルエッグサンド …… 80

目玉焼き【ターンオーバー】×食パン …… 79
食材アレンジ！
- ベーコンエッグとキャベツの全粒粉サンド …… 81

03 パンに卵をのせる・つける

パンに卵をのせる

スクランブルエッグ【フライパンタイプ】×食パン …… 84
- 食材アレンジ！ そら豆とペコリーノのスクランブルエッグトースト …… 86

目玉焼き ×食パン …… 85
- 食材アレンジ！ クロック・マダム …… 87

目玉焼き【トーストタイプ】×食パン …… 89
- 食材アレンジ！ 長ねぎと目玉焼きの和風トースト …… 90
  カルボナーラ風目玉焼きトースト …… 91

ポーチドエッグ ×食パン …… 92
- 食材アレンジ！ シーザーサラダ風トースト …… 93
  ポーチドエッグ＆グリーンアスパラガストースト …… 94
- パンを替えて！ イングリッシュ・マフィン エッグ・ベネディクト …… 95

パンに卵をつける

ゆで卵【半生】×食パン …… 96
スクランブルエッグ【湯煎タイプ】×食パン …… 97

04 パンを卵にひたす

パン・ペルデュ×食パン …… 100
- 食材アレンジ！ レーズン食パンのパン・ペルデュ 生クリーム＆カスタード添え …… 102
  焼きバナナと塩キャラメルソースのパン・ペルデュ …… 103
- パンを替えて！ バタールのパン・ペルデュ …… 104
  ブリオッシュのパン・ペルデュ …… 105

パン・ペルデュ【つけ込みタイプ】×食パン …… 106
- 調理法アレンジ！ 揚げパン・ペルデュ …… 108
  オーブン焼きパン・ペルデュ …… 109
- 食材アレンジ！ オレンジ風味のパン・ペルデュ …… 110
  豆乳の和風パン・ペルデュ …… 111
  黄桃とラズベリーのガトー・パン・ペルデュ …… 112
  カマンベールとりんごのパン・ペルデュ・グラタン …… 113

パン・ペルデュ・サレ×食パン …… 114
- 食材アレンジ！ パン・ペルデュ・サレの朝食プレート …… 116
  モンテ・クリスト・サンドイッチ …… 117
  ハムと卵とブロッコリーのクロック・ケーク …… 118
  カプレーゼ風パン・ペルデュ・グラタン …… 119

番外編
パン・ペルデュ×食パンの耳
食パンの耳プティング …… 120

05 卵に合うパンの種類と組み立て方

食パン・バラエティ …… 124
食パン・バラエティと卵サラダの相性考察 …… 125
食パン・厚さと組み立て方 …… 126
ナイフの種類と使い分け方 …… 127

バゲット …… 128
フィセル、バイン・ミー、バタール、ブール …… 129
パン・ド・カンパーニュ、パン・ド・セーグル …… 130
ロッゲンミッシュブロート、ベルリーナラントブロート …… 131
クロワッサン、パン・ヴィエノワ、ブリオッシュ・ア・テット …… 132
ブリオッシュ・ナンテール、パンドーロ …… 133
コッペパン …… 134
フォカッチャ、イングリッシュ・マフィン …… 135

お楽しみの切り方

はさまない卵サンド …… 136
目玉焼きトースト …… 137
ブール仕立てのシーザーサラダ …… 138
ウフ・ア・ラ・ピペラードのフィセル添え …… 139

06 卵が名脇役 世界のサンドイッチ

日本
えびフライサンド …… 142
ミックスフルーツサンド …… 143

シンガポール
カヤトースト 温泉卵添え …… 146

ベトナム
目玉焼きのバイン・ミー …… 147

アメリカ合衆国
B.E.L.T サンドイッチ …… 150
クラブサンドイッチ …… 151

フランス
パン・バニャ …… 154
サラミと卵のヴィエノワサンド …… 155

デンマーク
小えびと卵のスモーブロー …… 158

スウェーデン
スモーガストルタ …… 159

07 パンに合う 世界の卵料理

アメリカ合衆国
エッグスラット …… 164
デビルド・エッグ …… 165

フランス
スフレオムレツ …… 166
ウフ・マヨネーズ …… 167
リヨン風サラダ …… 168
ニース風サラダ …… 169
ウフ・アン・ムーレット …… 170
ウフ・ア・ラ・ピペラード …… 171

スペイン
トルティージャ …… 172
サルモレホ …… 173
ソパ・デ・アホ …… 174

イタリア
アクアコッタ …… 175

イギリス
スコッチ・エッグ …… 176
イングリッシュ・ブレックファスト …… 177

ドイツ
ホワイトアスパラガスの
オランデーズソース添え …… 178
レバーケーゼと目玉焼きの
ジャーマンポテト添え …… 179

08 パンと卵のデザート

パンドーロとザバイオーネ …… 182

[アレンジレシピ]
パンドーロとベリーの
ザバイオーネグラタン …… 183
アーモンドとココナッツの
テュイルラスク …… 184
ブリオッシュの
フルーツサンド …… 186
ブリオッシュのファルシ …… 188
ブリオッシュのグラタン
オレンジ風味 …… 190

本書をご覧になる前に

・本書で取り上げた定番サンドイッチ名は、一般的な総称です。
・本書では全て鶏卵を使用しています。
・卵は全てのレシピでMサイズ(正味50g)を使用しております。
・計量の単位は、大さじは15㎖、小さじは5㎖です。
・E.V.オリーブ油はエクストラヴァージンオリーブ油の略です。
・生クリームは乳脂肪分38％前後のものを使用しています。

01

パンに合わせる 基本の卵

01 パンに合わせる基本の卵

ゆで卵

卵料理の基本となるゆで卵は、卵をゆでるだけのシンプルな料理です。ゆで加減によって、黄身の固まり具合や食感が変わり、パンとの合わせ方も異なります。ゆで時間は、調理器具や火力・熱源によっても異なります。下記のゆで時間を参考にして、好みのゆで加減を見つけましょう。

沸騰してから
3分

半生

白身が固まり始めて、黄身がとろりとした半生状態のゆで卵は、フランスの朝食の定番。殻付きのままパンに添えていただく（p.96参照）。

水から
8分

半熟

白身は完全に固まっているが、黄身はとろりとした半熟卵は、殻をむくことができるギリギリのゆで加減。スコッチ・エッグ（p.176参照）やサラダに向く。

水から
12分

固ゆでソフト

黄身も固まっているが、中心部はやわらかく色鮮やか。白身も固すぎず、黄身もなめらかな食感で、サンドイッチはもちろん、料理にも使いやすい。

水から
15分

固ゆでハード

黄身までしっかりと加熱された状態で、黄身の色がオレンジから白みがかった黄色になる。固ゆでソフトに比べると黄身が固めだが、好みで使い分けるとよい。

【ゆで方】

卵のゆで加減は使用する鍋や、一度にゆでる量、また、卵の保管温度でも異なります。好みのゆで加減で一定に仕上げることや、殻をきれいにむくことは、意外と難しいものです。室温に戻した卵を沸騰したお湯に入れてゆでる方法もありますが、ここでは家庭で作りやすいように、冷蔵庫から出したての卵を水からゆでる方法をご紹介します。

材料と道具（作りやすい量）
容量1.3ℓの小鍋、水500㎖、卵6個

3 ゆで始めに鍋をゆするか菜箸で卵を転がすようにすると黄身が中央にくる。沸騰したら強火のまま1分ほどゆでてから、弱火にする。

1 卵は丸みがある側を調理台など硬い所にコツンと当てて割れない程度のヒビを入れる。卵の穴あけ器(p.42参照)や画びょうを使ってもよい。卵の気室に穴を開けることで殻がむきやすくなる。

4 タイマーが鳴ったら、湯を捨て、すぐに流水で冷やし、余熱でさらに火が通るのを防ぐ。卵の殻を硬い場所に打ちつけて細かいヒビを作る。

2 卵6個を小鍋に入れ、卵がかぶるくらいの水（ここでは500㎖）を入れて強火にかける。好みのゆで加減になるよう、タイマーをセットする。

5 水の中か流水に当てながら、薄皮と白身の間に水を入れるようにしながら力を入れずにむく。

01 パンに合わせる基本の卵

卵サラダ

刻んだゆで卵とマヨネーズを合わせたものを卵サラダと言い、卵サンド作りで一番のベースとなるものです。本書では、塩、白こしょう、マヨネーズだけのシンプルな味つけを基本とします。
卵のゆで加減、カット方法、カットサイズを変え、そこにマヨネーズの量を調整するだけでも仕上がりの印象は変わります。まずは自分の中で基準となる味わいを決めることがスタートです。

【切り方・つぶし方】

ゆで卵の白身は弾力がある一方、黄身はもろいため、包丁でのカットが向かない場合もあります。用途に応じてカットする道具を使い分けると効率よく作業できます。

裏ごし器を使って

裏ごし器を使って、ゆで卵を押しつぶすと簡単かつスピーディーに卵サラダに向くサイズにカットできる。ここでは、裏ごし器の枠は使用せず、替え網だけをボウルの上にのせて使っている。いろいろなメッシュサイズがあるので、好みのサイズを選ぶ。

エッグスライサーを使って

ゆで卵を均一な厚さに手軽にスライスできる。裏ごし器がない場合は、エッグスライサーで卵サラダをカットしてもよい。ゆで卵を横にスライス後、さらに縦方向でカットし、最後に90°角度を変えてもう一度カットと3方向からカットするとダイス状になる。

チーズカッターを使って

ゆで卵の半割は、ワイヤー式のチーズカッターを使うと黄身まできれいにカットできる。半熟卵では特に威力を発揮する。絹糸などで代用することもできるが、ゆで卵を半割する機会が多いならあると便利な道具だ。

包丁を使って

特別な道具がなくても包丁で切ることはできるが、黄身が刃にくっつきやすく繊細なカットには向かない。乱切りの卵サラダなど、ラフなカットに使用するか、細かくカットする場合は白身と黄身を分けてカットするとよい。

【和え方】

基本の卵サラダは、刻んだゆで卵に塩、白こしょうで下味をつけてから、マヨネーズでまとめてシンプルに仕上げます。マヨネーズを合わせる際には、黄身をつぶしすぎないようにサックリと和えるのがポイントです。黄身とマヨネーズが混ざりすぎない方が、ゆで卵らしさのある手作りならではの味わいを出せます。マヨネーズの量、卵のカットサイズによって、味や食感が変わります。また、使用するマヨネーズの味わい、濃度によってもベストバランスは異なります。合わせるパンや食材によってお好みで使い分けましょう。

マヨネーズ 少なめ

 + =

固ゆで卵1個　　マヨネーズ4g(小さじ1)

塩と白しょうでの味つけがベース。マヨネーズを最少限にすることで、ゆで卵の味わいがストレートに楽しめる。少し固めに仕上がるので、水分の多い野菜やソースと合わせるとバランスがよい。

マヨネーズ 基本

 + =

固ゆで卵1個　　マヨネーズ8g(小さじ2)

ゆで卵らしさがありながらマヨネーズの味わいも程よく感じられる。パンにそのまま塗りやすく、基本の卵サラダとして万能。まずはこの割合を試してから、好みの味に調整したい。

マヨネーズ 多め

 + =

固ゆで卵1個　　マヨネーズ12g(大さじ1)

マヨネーズの割合が増える分、クリーミーでしっかりした味わい。マヨネーズ好きの方におすすめ。ゆで卵を大きくカットする場合、マヨネーズの量が少ないとまとまりにくいので、この程度を合わせるのがよい。

01 パンに合わせる基本の卵

【味わいアレンジ】

基本の卵サラダは、基本の調味料を変えたり、スパイス、ハーブなどアクセントとなる食材を加えたりするだけでもアレンジは自由自在です。サンドイッチのメインに使う場合は、はさんだ時に崩れずカットしやすい保形性が求められますが、副素材として使う場合は、水分が多めでとろりとしたソースにすることもあります。ここでは、サンドイッチのベースとして使える、シンプルなアレンジ例をご紹介します。

基本のゆで卵 + サワークリーム&マヨネーズ

サワークリーム卵サラダ

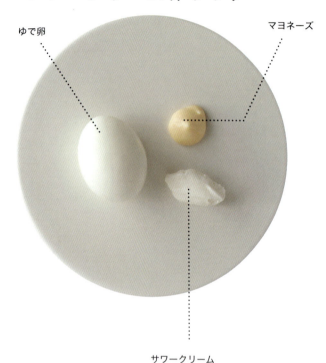

マヨネーズの一部をサワークリームに置き換えると、さわやかな酸味と乳由来のコクが特徴的な上品な卵サラダになります。
プレーンな食パンにも合いますが、ライ麦パン、全粒粉パンとの合わせたときに、より相性の良さを実感できます。サワークリームならではの味わいが、ライ麦や全粒粉の素朴な香りを引き立てます。

材料 （作りやすい分量）
固ゆで卵(p.10〜11参照) …… 3個
マヨネーズ …… 15g
サワークリーム …… 20g
塩 …… 小さじ1/8(0.5g)
白こしょう …… 少々

作り方

固ゆで卵を荒目の裏ごし器でつぶす。塩、白こしょうで下味をつけ、マヨネーズとサワークリームを混ぜ合わせる。

＊マヨネーズとサワークリームの比率は、好みで加減する。
＊ディル、チャービル、シブレットなどのハーブを刻んで混ぜ合わせると、よりさわやかに仕上がる。サワーマヨソース(p.35参照)を合わせてもよい。

煮卵 + 煮汁 & マヨネーズ
煮卵サラダ

煮卵

マヨネーズ

煮汁

卵サラダを和風味にするなら?との発想から生まれたのが、和風の煮卵で作る卵サラダ。
濃いめの合わせだしにしょうゆとみりんを合わせた甘辛い煮汁がしっかりしみた卵をつぶし、煮汁とマヨネーズと合わせます。黄身が煮汁を抱き込んで、香りよく仕上がります。

材料　(作りやすい分量)

煮卵※ …… 4個
マヨネーズ …… 20g
煮卵の煮汁 …… 大さじ1

※煮卵の作り方(作りやすい分量)

1 水500mℓに昆布5gを1時間つけたものを弱火にかける。沸騰直前に昆布を取り出し、かつお節(薄削り)10gを加えて火を強める。沸騰したら火を弱めて2分煮てから漉す。

2 1のだしを300mℓ計量し、みりん100mℓ、しょうゆ50mℓと鍋に合わせて沸騰させる。みりんのアルコール臭が消えるまで弱火で煮たら、固ゆで卵(p.10〜11参照)6個を加える。

3 沸騰したら弱火にして2分煮る。火を止めて、そのまま冷ます。

4 粗熱がとれたら保存容器に移し、冷蔵庫に入れる。3時間〜ひと晩おくと、味がしみ込む。

煮卵サラダの作り方

煮卵を荒目の裏ごし器でつぶす。煮汁を全体にふりかけ、黄身に煮汁を吸わせてから、マヨネーズを混ぜ合わせる。

＊料理として煮卵を作るなら半熟のゆで卵が美味ですが、煮卵サラダにする場合は、半熟だとサンドイッチが崩れやすくなります。ここでは固ゆでソフト(p.10参照)のゆで加減がおすすめです。

＊なるべく手をかけたくない場合は、煮卵の煮汁だけを作って、つぶしたゆで卵に合わせても。白身までしっかりしみ込んだ味わいまでは再現できませんが、卵サラダ全体がほんのり和風味に仕上がります。

01 パンに合わせる基本の卵

卵焼き

甘みがしっかり感じられる家庭的な卵焼きは、みりんときび砂糖と塩、3種の調味料のバランスがポイントです。みりんはひと手間かけ、煮切ることで、アルコール臭さが抜けてまろやかに仕上がります。塩分があってこその甘みは、パンに合わせてもしっかりと主張します。本書では、食パンのサイズにちょうどよい小さな玉子焼き器を使って卵焼き、だし巻き卵、オムレツを作ります。玉子焼き器は、熱伝導率の高い銅製がおすすめです。

材料（1本分／小型の玉子焼き器〈p.43〉使用）
卵 …… 3個
煮切りみりん※ …… 大さじ1
きび砂糖 …… 大さじ1と1/3
塩 …… 小さじ1/4
サラダ油 …… 適量

1　卵をボウルに割り入れ、菜箸で溶きほぐし、きび砂糖、煮切りみりん、塩を加えてよく混ぜ合わせる。

2　玉子焼き器にたっぷりと油を入れ、中火で熱し、全体に油をなじませる。余分な油はペーパータオルで拭き取る。箸先に付けた卵液を落とすとジュッと音がするくらいに温度が上がったら焼き始める。

3　玉子焼き器に卵液の1/3量を注ぎ入れる。端からふわっと焼けてくる。

4　菜箸を使い、端の焼けた部分を中央に寄せるようにすると同時に、卵液を隙間に流しながら、手早く全体を半熟状に焼き固める。

5　底面が焼き固まり、上部が半熟状になったら、くるくると手前に巻き込む。ターナーを使うと巻きやすい。

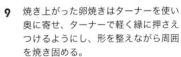

6 巻き込んだ卵焼きを奥に寄せ、油をしみ込ませたペーパータオルを使い、玉子焼き器に油をなじませる。

9 焼き上がった卵焼きはターナーを使い奥に寄せ、ターナーで軽く縁に押さえつけるようにし、形を整えながら周囲を焼き固める。

7 手前に残りの卵液の1/3量を流し込み、菜箸を使って焼き上がった卵焼きの下にも卵液を少量流し込む。

10 手前に寄せ、形を整えながら、周囲の焼き色が均一になるよう焼きつける。火を止めて余熱で仕上げる。だしの入らない卵焼きの場合、このままでも比較的きれいに仕上がるが、さらに形を整えたい場合は巻きすで巻いてもよい。

8 完全に焼き固まらないうちに手前に折り曲げるように巻き込む。残りの卵液を3回に分けて同様に焼く。

※煮切りみりん
みりん100㎖程度を小鍋に入れて火にかける。沸いてきたら、鍋を傾けコンロの火を鍋に入れる。炎が消えたら火を止める。火を出したくない場合や、電磁調理器を使う場合は弱火でアルコール臭がなくなるまで煮てもよい。煮切ったみりんは冷蔵庫で保存し、早めに使い切る。

01 パンに合わせる基本の卵

だし巻き卵

かつお節と昆布の合わせだしをたっぷりと含ませただし巻き卵は、繊細で上品な味わいです。卵焼きと比べると水分が多い分、慣れるまでは焼き加減が難しく感じるかもしれません。ここではパンに合わせたときのバランスと焼きやすさを重視して、だしの量は控えめです。玉子焼き器にしっかりと油をなじませ、温度をしっかり上げてから卵液を流し込むのがコツです。

材料(1本分／小型の玉子焼き器〈p.43〉使用)
卵 …… 3個
合わせだし※ …… 大さじ3
煮切りみりん(p.17参照) …… 小さじ2
しょうゆ …… 小さじ1
塩 …… ひとつまみ
サラダ油 …… 適量

※合わせだしのひき方(作りやすい分量)
水500mlに昆布5gを1時間つけたものを弱火にかける。沸騰直前に昆布を取り出し、かつお節(薄削り)10gを加えて火を強める。沸騰したら火を弱めて2分煮てから漉す。

1 卵をボウルに割り入れて、塩を加え菜箸でしっかりと溶きほぐす。合わせだしと煮切りみりんとしょうゆを加え、混ぜ合わせてから目の細かいザル(もしくはシノワ)で漉す。ひと手間かけることで、よりなめらかに仕上がる。

2 玉子焼き器にたっぷりの油を入れ、全体に油をなじませながら中火にかける。余分な油はペーパータオルで拭き取る。温度がしっかり上がっているのが確認できたら、玉子焼き器に卵液の1/4量を注ぎ入れる。

3 菜箸を使い、端からふわっと焼けた部分を中央に寄せるようにする。同時に、卵液を玉子焼き器全体に流しながら、手早く半熟状に焼き固める。

4 底面が焼き固まり、上部が半熟状になったら、くるくると手前に巻き込む。菜箸でも巻き込めるが、底に焼き付いたり崩れやすい場合はターナーを使うと失敗がない。

5 油をしみ込ませたペーパータオルを使い、玉子焼き器の底面全体に油をなじませる。銅製、鉄製などテフロン加工のない場合は、油を多めに使って焼き付かないように注意する。

8 焼き上がった卵焼きはターナーで軽く縁に押さえつけるようにし、形を整えながら周囲を焼き固める。火を止めて余熱を使う。

6 だし巻き卵を奥に寄せ、手前に残りの卵液の1/4量を流し込む。菜箸を使い、焼き上がった卵焼きの下にも卵液を少量流し込む。

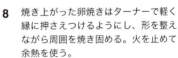

9 玉子焼き器ごと返して、だし巻き卵を巻きすにとる。焼き上がりは多少形が崩れていても、巻きすで包むことで形が整う。

7 完全に焼き固まらないうちに手前に折り曲げるように巻き込む。残りの卵液を3回に分けて同様に焼く。

10 だし巻き卵の中は半熟状の部分が残っていてやわらかい。巻きすで強く押さえないようにする。包んだ状態で少しおくことで余熱で仕上がる。

01 パンに合わせる基本の 卵

オムレツ

卵に塩と白こしょうだけのシンプルなオムレツは、たっぷりのバターで一気に焼き上げるのがコツ。ふんわりと香りよく仕上がります。組み合わせる食材によっては、バターをオリーブ油やごま油に変えてアレンジすることもできます。副材料の水分が入らないので、短時間で焼き固まります。均一な厚さに焼き上げるには、卵液が固まらないうちに手早く返すのがポイントです。本書では、食パンにはさむことを前提に玉子焼き器で四角く焼き上げます。材料と使う道具は卵焼きとほぼ一緒ですが、味つけや焼き方の違いで仕上がりの印象が大きく変わります。

材料(1枚分／小型の玉子焼き器〈p.43〉使用)
卵 …… 3個
無塩バター …… 8g
塩 …… 少々
白こしょう …… 少々

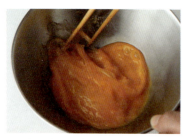

1 卵をボウルに割り入れ、塩を入れて菜箸でしっかりと溶きほぐし、白こしょうを合わせる。

2 玉子焼き器を中火にかけ、バターを溶かす。玉子焼き器を傾けながら、全体に手早くバターをなじませる。温度が上がり過ぎた場合は、玉子焼き器の底を濡れ布巾に当てて冷ますとよい。

3 卵液を全量一気に流し込む。この時、ジュワッと音が出る程度にしっかりと熱せられているとバターと卵液がなじみ、ふんわりと仕上がる。

4 耐熱ヘラを使って焼き固まった周囲を中央部に寄せると同時に液状の部分が下に流れるように大きくゆっくり動かす。焼き固まった部分と液状の部分がバランスよく混ざるように意識する。

5 全体が半熟状になり、底面が焼き固まってきたら、ターナーを使い、手前側と奥側にそれぞれ動かしながら縁を作って形を整える。

6 ターナーを使って一気に裏返す。全体に火が入り過ぎると、形よく仕上がらない。上面が半熟のうちに返すのがポイント。

7 裏返す際、オムレツは上に持ち上げ過ぎないようにターナーと玉子焼き器を互いに寄せ合うように傾けると失敗しにくい。また、縁をある程度焼き固めておくことで、半熟状の部分が流れ出にくくなる。

8 ターナーを使い、パンに合う形とサイズに整える。手前側、奥側、それぞれの縁に寄せるようにする。

9 再度裏返して焼き色を確認する。両面の焼き加減がそろうとよい。

10 全体に軽く焼き色をつけ、均一な高さに焼き上げる。余熱でどんどん火が入るので、半熟に仕上げたい場合は、手早く一気に焼き上げる。

01 パンに合わせる基本の卵

オムレツ【生クリーム入り】

塩、白こしょうで味つけした卵液に生クリームを加えることで、なめらかさが増し、とろりとリッチな口溶けです。生クリームが入るため火通りも穏やかで半熟状に仕上げやすくなりますが、その分やわらかく、裏返す際には注意が必要です。生クリームを牛乳に置き換えるとあっさりした味わいに、生クリームの量を増やすとより濃厚な味わいになります。組み合わせる食材、卵液に混ぜ込む副材料に応じて好みのバランスにアレンジしましょう。

材料(1枚分／小型の玉子焼き器〈p.43〉使用)
卵 …… 3個
無塩バター …… 8g
生クリーム(乳脂肪分38%前後) …… 大さじ3
塩 …… 少々
白こしょう …… 少々

1 卵をボウルに割り入れ、塩を入れて菜箸でしっかりと溶きほぐす。生クリームと白こしょうを加える。

2 卵液に生クリームを加えてなめらかになるように、よく混ぜ合わせる。

3 玉子焼き器を中火にかけ、バターを溶かす。玉子焼き器を傾けながら、全体を手早くなじませる。生クリームの繊細な風味を生かすため、バターは焦がさないように注意する。

4 卵液を全量一気に流し込む。この時、ジュワッと音が出る程度にしっかりと熱せられているとバターと卵液がなじみ、ふんわりと仕上がる。

5 耐熱ヘラを使って焼き固まった周囲を中央部に寄せると同時に液状の部分が下に流れるように大きくゆっくり動かす。焼き固まった部分と液状の部分がバランスよく混ざるように意識する。

6 全体が半熟状になり、底面が焼き固まってきたら、ターナーを使い、手前側と奥側にそれぞれ動かしながら縁を作って形を整える。

7 ターナーを使って一気に裏返す。生クリームの入らないオムレツと比べるとやわらかく崩れやすい。周囲が焼き固まり、中も均一に火が入りプリン状に固まり始めたタイミングがよい。

9 ターナーを使い、パンに合う形とサイズを整える。手前側、奥側、それぞれの縁に寄せるようにする。再度裏返して焼き色を確認する。両面の焼き加減がそろうとよい。

8 裏返す際、オムレツは上に持ち上げ過ぎないようにターナーと玉子焼き器を互いに寄せ合うように傾けると失敗しにくい。また、縁をある程度焼き固めておくのもポイント。

10 全体に軽く焼き色をつけ、均一な高さに焼き上げる。余熱でどんどん火が入るので、半熟に仕上げたい場合は、手早く一気に焼き上げる。

01 パンに合わせる基本の 卵

スクランブルエッグ【フライパンタイプ】

ふわとろのスクランブルエッグは、全体が半熟状のやわらかい状態がおいしいものです。卵焼きよりも火加減は弱めに、余熱を上手に利用するのがポイントです。フライパンは小ぶりなものを使うと、卵液が広がりにくく火の入りがやわらかです。また、卵液を触りすぎると炒り卵になってしまいます。おおらかに大きく手を動かすことを意識すると、仕上がりはふんわりと、ボリューム感が出ます。

材料(1枚分／直径20cmのフライパン使用)
卵 …… 3個
無塩バター …… 10g
生クリーム(乳脂肪分38％前後) …… 大さじ2
塩 …… 少々
白こしょう …… 少々

1 卵をボウルに割り入れ、塩を入れて菜箸でしっかりと溶きほぐす。生クリームと白こしょうを加える。

2 卵液に生クリームを加えてなめらかになるようによく混ぜ合わせる。

3 フライパンを中火にかけ、バターを溶かす。フライパンを傾けながら、全体に手早くバターをなじませる。温度が上がり過ぎると、バターが焦げてしまう。熱し過ぎた場合は、フライパンの底を濡れ布巾に当てて冷ますとよい。

4 卵液を全量一気に流し込む。この時、ジュワッと音が出る程度にしっかりと熱せられているとバターと卵液がなじみ、ふんわりと仕上がる。

5 フライパンの縁の部分から火が入る。耐熱ヘラを使い、焼き固まった周囲を中央部に寄せながら、卵液がフライパン全体に流れるようにする。焼き固まった部分と液状の部分がバランスよく混ざるように意識する。

6 温度が上がり過ぎたら、濡れ布巾の上にフライパンの底を当てて温度調整しながらゆっくり火を入れる。卵液をかき混ぜすぎると炒り卵になってしまう。ひと呼吸をおいて、触りすぎないようにする。

7 耐熱ヘラは大きくゆっくりと動かす。焼き固まった部分をこそげ取るようにゆっくりヘラを動かすことで、卵がふんわりと大きめの半熟状に固まる。

8 卵液全体にとろりと濃度がついてきたら完成まであと少し。ここで温度が上がり過ぎないように火加減は注意する。

9 フライパンの縁に薄く焼き固まった部分を、中央に寄せるようにまとめる。火を止めて余熱で仕上げる。

10 全体がしっとりとした半熟状で、ふんわりとボリュームが出たら完成。ここからも余熱で火が入るので、すぐに器にとる。

01 パンに合わせる基本の卵

スクランブルエッグ【湯煎タイプ】

全体がなめらかな半熟状を目指すなら、湯煎でじっくりとやわらかく火を入れましょう。フライパンで作るものとの仕上がりの食感の違いに驚かれることでしょう。ここではあえてガラスの耐熱ボウルを使います。金属製のボウルに比べて熱伝導が穏やかなため、時間はかかる分失敗がありません。繊細で上品な仕上がりのスクランブルエッグは、このままでフランス料理の前菜にもなるほどです。

材料（作りやすい分量）
卵 …… 3個
無塩バター …… 10g
生クリーム（乳脂肪分38％前後）…… 大さじ2
塩 …… 少々
白こしょう …… 少々

3　卵をボウルに割り入れる。湯煎タイプは、繊細に仕上げるために、カラザを取る。塩、白こしょうと生クリームを加え、なめらかになるようによく混ぜ合わせておく。

1　耐熱ガラスボウルの内側に無塩バターを塗って、ボウルに卵がこびり付くのを防ぐ。残りの無塩バターは仕上げに使うのでおいておく。

4　鍋に耐熱ボウルをのせ、卵液を全量流し入れる。

2　鍋に湯を沸かす。ボウルの底に湯が触れると温度が上がりすぎるので、蒸気だけが当たる程度の湯量にする。

5　耐熱ヘラをやさしく動かし、ボウルの周囲と中心部の卵液をかき混ぜ、卵液の温度が一定になるように徐々に加熱する。

6 全体がとろりとクリーム状に固まってくる。温度が上がり過ぎないように、慌てずゆっくりとかき混ぜながら加熱を続ける。

7 ボウルに当たる部分から固まるので、底にこびり付かないように、きれいにこそげながら大きく混ぜる。

8 全体が半熟状にもったりと固まってきたら、残りの無縁バターを加え、やさしく溶かし混ぜる。ここでバターを加えることで、バターの香りが引き立ち、なめらかさが増す。

9 火を止め、余熱で仕上げる。全体がしっとりと半熟状に固まっている状態を目指す。

01 パンに合わせる基本の卵

目玉焼き

卵をそのままフライパンで焼くだけ。卵料理の一番の基本とも言える目玉焼き（サニーサイドアップ）も、焼き方、焼き加減を変えて使い分けます。サンドイッチにするなら、両面焼き（ターンオーバー）にします。両面を焼き固めることで、はさみやすく、白身と黄身の上下のバランスが整います。黄身の半熟度が調整しやすいのも魅力です。クロック・マダムなどのトッピングに使う場合は、弱火でしっとりと焼き上げます。白身もやわらかく、黄身もねっとりとした半熟状に仕上がります。

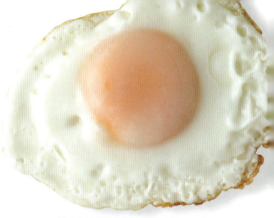

基本の目玉焼き（サニーサイドアップ）

材料(1枚分)
卵 …… 1個
サラダ油 …… 少々

基本の目玉焼き（サニーサイドアップ）

1　卵は小さなボウルに割り入れる。フライパンにサラダ油を塗って弱めの中火にかける。卵はボウルからフライパンにやさしく入れる。

2　卵の黄身が真ん中になるように、殻を使って黄身の位置を調整する。少し固定しておくと、黄身の下の白身と一緒に固まる。

3　表面を白く焼き固める場合は、フライパンの縁に熱湯大さじ1（分量外）を流し入れる。フライパンの温度を下げるためで、水でもよい。

4　すぐにふたをする。蒸気を閉じ込めることで、卵の表面の温度が上がり白く固まる。

5　半熟に仕上げるならすぐに取り出す。黄身まで固める場合は、このままふたをして好みの状態になるまでさらに火を入れる。

両面焼き目玉焼き(ターンオーバー)

半熟目玉焼き(トッピング用しっとりタイプ)

両面焼き目玉焼き(ターンオーバー)

1 基本の目玉焼き2まで同様に焼く。底面が焼き固まったら、上面の白身に火が入る前に手早く裏返す。

2 半熟に仕上げるなら、反対側に焼き色がついた段階で手早く取り出す。黄身の状態は、黄身の上を指先で触って確かめるとよい。

3 黄身が半熟のうちにターナーで押さえて崩し、黄身が広がるように焼き固めたものもサンドイッチに向く。

半熟目玉焼き(トッピング用しっとりタイプ)

1 卵はザルに割り入れる。卵白のさらさらの部分(水溶性卵白)を切ることで、黄身と弾力のある濃厚卵白だけが残り、形のよい目玉焼きが作れる。

2 フライパンに無塩バターを少量入れ、弱火にかける。無塩バターが溶けたら1を入れる。弱火でじっくりと、ふたをせずに加熱する。白身の透明な部分がなくなり白く焼き固まるのが目安。

01 パンに合わせる基本の 卵

ポーチドエッグ

卵をお湯の中でゆでたもので、「落とし卵」とも言います。ゆで加減にバリエーションのあるゆで卵とは違い、黄身は半熟に仕上げるのが基本です。調理時間が短く、半熟度の調整も簡単なため、作り慣れると便利な卵料理の一つです。はさむタイプのサンドイッチには向きませんが、オープンサンドや、パンに合う料理のトッピングに広く活用できます。半熟卵を手軽に使いたい場合、ポーチドエッグを温泉卵で代用することもあります。

材料(1枚分)

卵※ ……1個
酢 …… 適量(湯の量に対して0.5%が目安)

※できるだけ新鮮な卵がよい。

3　沸騰したら菜箸を使って鍋の縁に沿わせるようにぐるぐると湯を回し、水流を作る。

1　卵はザルに割り入れる。卵白のさらさらの部分(水溶性卵白)を切ることで、黄身と弾力のある濃厚卵白だけが残り、湯に落とした際にまとまりやすく形よく仕上がる。

4　鍋の中央部にゆっくりと卵を落とし入れる。水流によって、卵の白身が自然にまとまる。白身が広がる場合は、菜箸を使い、白身で黄身を包み込むようにする。

2　鍋に湯を沸かし、酢を入れる。ここでは600mlの湯に大さじ2の酢を使用。

5　弱めの中火で約3分ゆでる。鍋底に卵が付かないように様子を見ながら、湯はふつふつと沸く程度に保つ。

温泉卵の作り方

1

厚手の鍋に1ℓの水を入れ、ふたをして沸騰させる。湯の中に200mℓの水（常温）を入れ手早くかき混ぜる。この段階で80℃が目安。一定の温度を保つため、保温性、機密性の高い鋳物鍋が向く。

2

冷蔵庫から出したての卵6〜7個を湯に入れ、すぐにふたをする。このまま20〜25分保温する。20分だと黄身がとろりと半熟状、25分で黄身が固まりかけた温泉卵らしい状態になる。鍋の保温性、室温にも左右されるので、慣れるまでは1個を割って状態を確認する。余熱で火が入るので、完成したら冷水にとり粗熱をとる。

3

白身はどろりとやわらかく、黄身がねっとりやわらかく固まっていたら完成。卵白の凝固温度は75〜80℃、卵黄の凝固温度は65〜70℃。温泉卵は70℃前後の湯につけることで通常のゆで卵とは逆の順番に固まる。保温器がある場合や温度管理ができる場合は、上記の手順ではなく、70℃の湯に30分ほどつけて作ってもよい。

6 3分経ったら網じゃくしですくい、指で軽く押さえて黄身のかたさを見る。白身は固まっているが、黄身はとろりとしているのがわかる。白身の凝固が足りない場合はさらに10〜20秒ほどゆでる。

7 すぐに氷水に浸けて冷やす。余熱で黄身が凝固するのを防ぐ。温かい料理にのせて仕上げる場合は、盛りつけ直前に湯にくぐらせ、白身の部分だけ温めるとよい。

8 はみだした白身がある場合は、キッチンばさみで切って形を整える。

01 パンに合わせる基本の卵

卵のソース 1 冷製ソース
マヨネーズ

卵で作るソースの代表格のマヨネーズは、サンドイッチ作りで最も使用頻度の高い冷製乳化ソースです。手軽に使える市販品が一般的ですが、素材にこだわった手作りのおいしさは格別です。卵黄だけで作ると、コクのあるリッチな味わいに仕上がります。手作りの味を知り、好みの味が明確になると、市販品もうまく使いこなせるようになります。酢や油の種類を変えたり、ディジョンマスタードを加えたり、プレーンなマヨネーズをベースに、スパイスやハーブを合わせてアレンジしてもよいでしょう。

材料（作りやすい分量）
卵黄※ ······ 1個
白ワインビネガー
（赤ワインビネガー、米酢、
リンゴ酢など好みの酢で可）······ 大さじ1
塩 ······ 小さじ1/2
白こしょう ······ 少々
サラダ油 ······ 180㎖

※卵黄を全卵1個に替えて作ることもできます。卵白が入る分、あっさりとした仕上がりです。

1 卵黄は室温に戻す。ボウルに卵黄と白ワインビネガーを入れて、かき混ぜる。
＊卵黄が冷えていると乳化しにくく失敗の原因になる。

3 サラダ油を糸状に垂らしながら、泡立て器で混ぜ合わせる。この時、ボウルの底がすっぽり入るサイズの鍋に濡れ布巾をのせ、その上のボウルを置いて固定するとよい。

5 徐々に粘度がつき、重くなってくる。やわらかく仕上げたい場合は油は少なめに、かたく仕上げたい場合は多めに加えて様子を見る。味を見て足りなければ塩、白こしょうを足す。

2 塩、白こしょうを加えて塩が溶けるようによく混ぜ合わせる。

4 途中、サラダ油を加えるのを止め、もったりと油がなじむまで撹拌する。泡立てるのではなく、ボウルの底面に泡立て器を密着させながら混ぜ合わせる。油を入れる都度、しっかりと乳化させる。

ハンドブレンダーで作る
材料を一度に入れて作ることができます。卵黄1個だと乳化しにくい場合があるので、全卵で作りましょう。

作り方 広口瓶もしくはハンドブレンダーに付属している容器に全ての材料を入れる。ハンドブレンダーは底に密着させた状態でスイッチを入れる。底面から乳化してもったりと固まってきたら、ハンドブレンダーを上下に動かして全体を混ぜ合わせる。

卵のソース 2 温製ソース
オランデーズソース

マヨネーズと同様に、卵、油（バター）、酢で構成された温製乳化ソースで、フランス料理の代表的なソースの一つです。作りおきができず用途も限定されますが、マスターしておきたい基本のソースです。卵黄を湯煎にかけて泡立てながら火を入れることで、もったりとなめらかに仕上がります。澄ましバターを溶かしバターに置き換えると、気軽に作ることができます。

材料（作りやすい分量）
卵黄……2個
澄ましバター※
（溶かしバターでも可）……100g
レモン果汁……大さじ1
塩……少々
白こしょう……少々

※澄ましバター
無塩バターを湯煎で液状に溶かし、常温におく。バターが二層に分離したら、表面の泡を取り除き、下の白い沈殿物が混ざらないように、透き通った上澄みだけを取る。沈殿物を取り除くことで、すっきりと繊細な味わいになる。保存性が高く焦げにくいので、加熱調理用のバターとして作りおきしてもよい。

1 ボウルに卵黄と水大さじ1（分量外）を入れてかき混ぜる。湯煎での火の当たりがやわらかくなるように、ここではガラスのボウルを使う。鍋に湯を沸かしておく。

3 もったりと重くなり、泡立て器の跡がつくくらいに泡立ってきたら火を止める。

5 完全に乳化し、もったりとなめらかなクリーム状になったら、レモン果汁を加え、塩、白こしょうで味をととのえる。完成したオランデーズソースは約50℃の湯煎にかけて保温し、表面が乾燥しないように落としラップをする。

2 鍋にボウルをのせ、湯煎しながら泡立てる。湯がボウルの底に直接当たると温度が上がり固まりやすくなるので、鍋底には蒸気だけが当たるようにする。

4 ボウルを湯煎から外して、温かい澄ましバターを糸状に注ぎ入れながら泡立て器で撹拌させる。マヨネーズと同様に、丁寧に乳化させる。

01 パンに合わせる基本の 卵

卵のソース 1　冷製ソース
マヨネーズ + 食材アレンジ！

基本のマヨネーズをベースにしたソースは、サンドイッチの味わいに変化をつけるのに便利な存在です。
市販のマヨネーズに調味料や薬味を混ぜ合わせるだけでも気軽にアレンジできます。

からしマヨソース

材料（作りやすい分量）

マヨネーズ 50g
からし 4g

ピリッとからしをきかせたマヨネーズは、和の食材によく合います。少量でもアクセントになり、パンの下塗りにも、仕上げのソースとしても使えます。からしをディジョンマスタードや粒マスタードに変えると、印象が変わります。

しょうゆマヨソース

材料（作りやすい分量）

マヨネーズ 50g
しょうゆ 5g

しょうゆを少量合わせるだけで、マヨネーズが和のソースに変わります。卵サンドに合わせると、どこか懐かしい味わいに仕上がります。肉にも野菜にも、食材を選ばず活用できます。しょうゆをだししょうゆに変えて、だしの香りを足してもよいでしょう。

アイヨリ風マヨソース

材料（作りやすい分量）

マヨネーズ 50g
E.V.オリーブ油 小さじ1
にんにく（すりおろし） 5g

アイヨリ（Aïoli）はフランス・プロヴァンス地方のオリーブ油ベースの乳化ソースで、にんにくのパンチがきいています。マヨネーズをベースにオリーブ油とにんにくを加えるだけで、それらしい味わいに。野菜に合わせるだけでも、よいアクセントになります。

ルイユ風マヨソース

材料（作りやすい分量）

マヨネーズ 50g
E.V.オリーブ油 小さじ1
にんにく（すりおろし） 5g
カイエンヌペッパー ...... 少々
サフラン ...... 少々

ルイユ（Rouille）もプロヴァンス地方の乳化ソースで、魚介の煮込み料理であるブイヤベースに欠かせません。薄く切ってトーストしたバゲットにルイユをたっぷり塗り、スープに浮かべると美味。魚介のサンドイッチのアクセントにおすすめです。

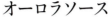

オーロラソース

材料(作りやすい分量)

マヨネーズ ……　50g
ケチャップ ……　40g
ディジョンマスタード ……　5g

ケチャップとマヨネーズ、日本の食卓で人気の高い二つの洋風調味料を掛け合わせたソースは、親しみやすいおいしさです。ディジョンマスタードをアクセントに加えると、味が締まります。オムレツやベーコンに特によく合います。

サワーマヨソース

材料(作りやすい分量)

マヨネーズ ……　50g
サワークリーム ……　40g
ハーブ(ディル、チャービル、シブレットのみじん切り) ……3g
塩、白こしょう ……　少々

マヨネーズとサワークリームの組み合わせは、軽やかな酸みと乳風味が印象的です。たっぷりのフレッシュハーブを加えてさわやかに仕上げます。プレーンなマヨネーズを使う場面でサワーマヨソースに置き換えると、素材のフレッシュ感が引き立ちます。

タルタルソース

材料(作りやすい分量)

マヨネーズ ……　50g
固ゆで卵(細目の裏ごし器でつぶす／p.10〜11) ……　1個
たまねぎ(みじん切り) ……　25g
コルニッション(きゅうりのピクルス)(みじん切り) ……　20g
イタリアンパセリ(みじん切り) ……　小さじ2
レモン果汁 ……　小さじ1
塩、白こしょう ……　少々

具だくさんで用途の広い、マヨネーズ系ソースの代表格。酸みをきかせると揚げ物によく合います。具の割合を増やしていくと、卵サラダに近づきます。ソースとしてだけでなく、サンドイッチの具材の一つとして使うこともできます。

和風タルタルソース

材料(作りやすい分量)

マヨネーズ ……　50g
固ゆで卵(細目の裏ごし器でつぶす／p.10〜11) ……　1個
らっきょうの甘酢漬け(みじん切り) ……　25g
しば漬け(みじん切り) ……　20g
大葉(みじん切り) ……　2枚
レモン果汁 ……　小さじ1
塩、白こしょう ……　少々

たまねぎをらっきょうに、コルニッションをしば漬けに、パセリを大葉に置き換えて和の香りを生かしました。たくあんやきゅうりの漬物を加えたり、みょうがを添えても楽しめます。固ゆで卵の量を増やして、和風卵サラダサンドにするのもおすすめです。

01 パンに合わせる基本の卵

卵のクリーム 1
カスタードクリーム

フランス語ではクレーム・パティシエール（Crème pâtissière）、直訳すると"菓子職人のクリーム"のことで、その名の通りお菓子作りには欠かせないクリームです。甘みのあるパン生地にたっぷりのカスタードクリームを包み込んだクリームパンは、日本で生まれたパン。クリームパンの人気からわかるように、パンとカスタードクリームの相性は抜群です。フルーツサンドやパン・ペルデュに添えて。おいしいカスタードクリームがあれば、いつものパンがとびきりのスイーツになります。

材料（作りやすい分量）
卵黄……3個
牛乳……250mℓ
グラニュー糖……60g
薄力粉……30g
無塩バター……25g
バニラビーンズ……1/3本

2 1に薄力粉をふるい入れる。

3 2を練らないように混ぜ合わせる。

1 卵黄をボウルに入れ、グラニュー糖を加えてすぐに泡立て器で白っぽくなるまですり混ぜる。手早く混ぜないと、グラニュー糖が卵黄の水分を吸い込んで粒が残るので注意する。

4 鍋に牛乳とバニラビーンズを入れる。バニラビーンズは縦に切り、ペティナイフで中身をこそげ出してからさやごと鍋に入れる。沸騰直前まで温める。

5　4を3に加え、手早く混ぜ合わせる。

6　鍋に目の細かいザル（もしくはシノワ）を置き、5を漉す。バニラのさやや卵のカラザなどがここで取り除かれ、なめらかに仕上がる。

7　中火にかけ、泡立て器でよく混ぜながら加熱する。とろみがつくと鍋底が焦げつきやすいので、鍋の角は注意しながら、動かす手を止めず全体を丁寧に混ぜ合わせる。途中、火から外してよくかき混ぜてもよい。

8　粘度が出て重くなってくるが、手を休めず、ふつふつと沸騰してから2〜3分加熱を続ける。なめらかさが増したら火を止める。

9　無塩バターを加え、耐熱ヘラで手早く溶かし混ぜる。

10　完成したカスタードクリームはボウルかバットに移す。落としラップをして、底面を氷水に当てて急冷する。粗熱がとれたら冷蔵庫に入れる。

01 パンに合わせる基本の卵

卵のクリーム 1
カスタードクリーム + 食材アレンジ！

マスカルポーネ＆カスタード

はちみつで甘みをつけたマスカルポーネはやさしい甘みとミルキーなコクを添え、パンとの相性を高めます。カスタードクリームだけよりも軽い味わいで、フルーツにもよく合います。泡立てる手間がなく混ぜ合わせるだけで作れるのも魅力です。

マスカルポーネ70gにはちみつ7gを混ぜ合わせてから、カスタードクリーム(p.36〜37参照)100gと合わせる。

生クリーム＆カスタード

甘みをつけて泡立てた生クリーム（クレーム・シャンティイ〈Crème chantilly〉）とカスタードクリームを合わせたフランス菓子で定番の組み合わせのクリームです。フランス語ではクレーム・ディプロマット（Crème diplomate）。軽やかな味わいで、パンにたっぷり合わせたくなります。

生クリーム（乳脂肪分38％前後）70mlに7gのグラニュー糖を加えて8分立てにし、カスタードクリーム(p.36〜37参照)100gと合わせる。

卵のクリーム 2
ザバイオーネ

ザバイオーネ（Zabaione）はイタリア語。フランス語ではソース・サバイヨン（Sauce sabayon）と言います。お酒のきいたクリーム状の大人のデザートで、卵黄を湯煎にかけて泡立てながら作ることで、ふんわり軽く仕上がります。そのままデザートとして楽しむほか、スイーツグラタンのソースにしてオーブンで焼き上げるのもおすすめです。ここでは白ワインを使いますが、イタリアではマルサラ酒が定番です。お好みでシャンパンに置き換えたり、白ワインにコアントローやラム酒を加えてアレンジを楽しむこともできます。本書では卵がたっぷり入ったイタリアの発酵菓子「パンドーロ」と合わせたデザートを紹介しています（p.182〜183）。パン・ペルデュに添えてもよいでしょう。

材料（作りやすい分量）

卵黄 …… 3個
白ワイン …… 60㎖
グラニュー糖 …… 50g

1 卵黄はカラザを取り除く。ボウルに入れ、グラニュー糖を加えてすぐに泡立て器で白っぽくなるまですり混ぜる。湯煎での火の当たりがやわらかくなるように、ここではガラスの耐熱ボウルを使う。

3 鍋に湯を沸かす。ボウルをのせた時、底が湯に触れると温度が上がり過ぎるので、蒸気だけが当たる程度の量に抑えるのがポイント。

5 全体がふんわりとなめらかなクリーム状になったら湯煎から外す。

2 1に白ワインを加えて混ぜ合わせる。

4 ボウルごと湯煎にかける。ボウルの底が固まらないように、温度に注意しながら泡立て器で全体を撹拌する。

＊ふんわりとしたクリームソースで、保形性がないのでサンドイッチには向きません。また、日持ちしないので1回ごとに使い切りましょう。
＊カスタードクリームと同様に、クレーム・シャンティイやマスカルポーネを合わせたアレンジも可能です。

01 パンに合わせる基本の卵

卵の基礎知識

「卵」は毎日の食卓に欠かせない、身近な食材ですが、知っているようで知らないことも多いものです。ここでは、卵とパンを合わせる前に知っておきたい基本知識をご紹介します。

卵の構造

　かたい卵殻の内側には薄い卵殻膜があり、その中に卵白と卵黄が入っています。
　卵の殻には気孔と呼ばれる呼吸のための小さな孔がたくさんあります。匂いが強いものの近くにあると、気孔から吸着しやすいので保存の際に注意が必要です。逆にこの性質を生かして、トリュフと生卵を一緒に保存して香りを移したトリュフ卵や、ゆで卵を殻ごと塩水に漬け込んで塩味を含ませる殻付き味つけゆで卵もあります。
　卵白は、どろりとした濃厚卵白と、さらりとした水様性卵白、カラザに分かれます。
　新鮮な卵は卵白がこんもりと盛り上がっていますが、産卵から日数が経つと水様性卵白の割合が増えて割った時の盛り上がりが少なくなります。ポーチドエッグを作る際には、濃厚卵白が多い方がまとまりやすいので、なるべく新鮮な卵を使うのがおすすめです。卵黄も卵白と同様に、新鮮なものほどこんもりと盛り上がっています。
　カラザは卵黄にくっついた白い紐状のもので、卵黄を卵の中央に固定する役割があります。主成分はタンパク質で、シアル酸という抗がん物質が含まれると言われています。だし巻き卵やカスタードクリームなど、繊細な料理を作るとき以外はそのまま食べましょう。

【卵の断面図】

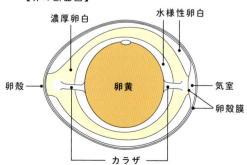

卵の栄養

　親鶏が産んだ卵は、本来、ひよこが生まれてくるものです。新しい命が誕生するための栄養素が詰まっており、「完全食品」とも呼ばれるほど栄養価の高い食品です。
　タンパク質、脂質、ビタミン、ミネラルが豊富に含まれ、中でもタンパク質の「必須アミノ酸」の組成が優れています。この「必須アミノ酸」は体内で合成できず、必ず食べ物から摂取する必要があります。他にも、カルシウム、鉄分、マグネシウム、亜鉛、リンなどもバランスよく含まれており、卵1個で多くの栄養素をとることができます。安価でさまざまな調理法を楽しめる卵は、毎日積極的に取り入れたい食材です。

卵の保存

　スーパーでは常温で販売されていることも多いのですが、家庭では確実に温度管理ができる冷蔵保存が安心です。卵の賞味期限として表記されている日付は 生食用の期限であることが多く、加熱調理をする場合は賞味期限を過ぎても問題なく食することができます。
　日本の卵は洗卵されており、基本的には清潔な状態で出荷されているので、家庭で洗う必要はありません。
　パック入りの卵は、殻のとがった方が下になって販売されています。これは、とがった方が強度があり、輸送中の割れを防ぐためです。パックから取り出して保存する場合も同じ向きにするとよいでしょう。

卵の調理

卵の調理をする前に知っておきたいのが、以下に挙げる3つの大きな特性です。

① 凝固性
加熱により固まる特性で、「ゆで卵」や「目玉焼き」など基本の卵料理はこの性質を利用して作ります。

② 起泡性
混ぜると気泡ができる特性で、特に卵白はふんわりと泡立ちます。メレンゲやお菓子作りに多く利用されます。

③ 乳化性
通常は混ざり合わない異なる液体(油分と水分)の一方を微粒化させ、他方に分散させることを乳化といいます。卵黄のタンパク質に含まれるレシチンという成分には反発する2つの性質(親油性と親水性)を中和する働きがあり、マヨネーズやオランデーズソースには、この特性が生かされています。

卵料理はこの3つの特性のいずれかを、または組み合わせて作ります。

また、卵の加熱調理をする際に知っておきたいのが、卵黄と卵白の凝固温度の違いです。白身は58℃から固まり始めるものの、完全に固まるのは80℃前後です。卵黄は65〜70℃を保てば固まります。ゆで卵やポーチドエッグ、目玉焼きの黄身を半熟にしたり、スクランブルエッグをとろとろに仕上げたいときは、この凝固温度を意識して調理しましょう。

卵についてのQ&A

卵は1日1個までしか食べない方がよいのでしょうか。

A　卵はコレステロールが豊富に含まれることから、以前は1日1個の摂取が推奨されていました。悪者扱いされることもあるコレステロールですが、人の身体に必要不可欠な栄養素で細胞膜やホルモンの素になります。また、卵にはコレステロールを除去するレクチンも含まれています。現在は、1日3個程度までは血中コレステロール値への影響がほとんどないことがわかっており、安心して摂取することができます。卵にビタミンCと食物繊維は含まれないので、野菜と合わせてサンドイッチにすると栄養バランスが整います。

卵黄の色が濃い方が栄養があるのでしょうか。

A　卵黄の色は、鶏に与える飼料に影響されるもので栄養素や鮮度とは関係ありません。例えばとうもろこしを多く含む飼料を食べた鶏の卵黄はレモン色に、パプリカや甲殻類を多く含む飼料の場合は赤みの強い色になります。また、赤玉と白玉の殻の色の違いも栄養に違いはなく、鶏種によるものです。

01 パンに合わせる基本の卵

卵の道具

パンと卵のサンドイッチとパンに合わせる卵料理をおいしくきれいに仕上げるには、専用の調理器具が必要な場合があります。本書で使っている調理器具の一部と、意外と使えるお助けアイテムをご紹介します。目的に応じてそろえてみてはいかがでしょうか。

卵の穴あけ器

ゆで卵の殻をむきやすくするための道具で100円均一の店舗などでも手に入る。くぼみの部分に卵の丸い方を押し当てると、鈍い音がして殻に小さな穴が開く。卵の気室に穴を開けることで、かたい卵殻とその内側の卵殻膜の間に空気が入り、卵殻膜と白身が剥がれやすくなる。卵の殻を軽くたたいてヒビを入れたり、画びょうで穴を開けても同様の効果が得られる。

ミルクパン

卵を少量ゆでるときは小ぶりな片手鍋が使いやすい。本書では、卵6個までをゆでるのにちょうどよい容量1.3ℓのミルクパンを使用している。鍋が大きいと水の量が増え、沸騰までの時間もゆで時間も長くなる。湯を捨て冷水で急冷する際も小ぶりの鍋だと作業がしやすい。一度にゆでる量が多い場合は、卵の量に合わせて鍋のサイズも変える。

エッグタイマー

ゆで卵を作る際、卵と一緒に鍋に入れて使う。温度変化で赤い部分が変色してゆで加減の目安を教えてくれる。時間を計らなくても目でわかるのが魅力で、固ゆでの場合は失敗が少ない。半熟に仕上げたいときは、目盛りよりも少し早めに取り出すなどの調整が必要な場合もある。

裏ごし器の替え網

本書では卵サラダを作る際に、4メッシュ（6.35㎜）と12メッシュ（2.0㎜）の裏ごし器の替え網だけを使用している（p.12、48～49参照）。裏ごし器は通常、替え網を枠にはめて使うものだが、ゆで卵の場合は替え網をボウルにのせるだけで力を使わずにつぶすことができる。

エッグスライサー

卵サンド作りには必須の道具。ゆで卵を手早く均一にスライス（ここでは6㎜幅のものを使用）できる。横にスライスするのが基本だが、向きと角度を変えて3方向からカットするとダイス状になり（p.12参照）、卵サラダ用に使うこともできる。ワイヤーの接続部分に汚れが付きやすいので、清潔に保つように注意する。

ワイヤー式チーズカッター

ゆで卵を包丁で切ると、黄身が刃について崩れやすい。大きくカットする際には、ワイヤー式のチーズカッターがあると便利。ステンレス製のワイヤーは黄身に張り付かず、シャープな切り口。半熟でも比較的きれいに切れる。家庭では絹糸で代用することもできるが、衛生面を考えるとワイヤーがよい。

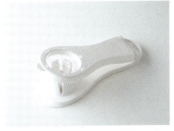

縦切りエッグカッター（6分割タイプ）
ゆで卵を特定の形に切ることが多い場合は、目的に沿った専用カッターがあるとよい。3本線の縦切りカッターは、6分割のくし形に切れる。ワイヤー式チーズカッターでも代用できるが、こちらは1回でカットでき失敗がない。同様に1本線の2分割タイプもある。

エッグセパレーター
卵の黄身と白身を分ける際に使う。くぼみの部分に卵を割り入れると白身が下に流れ、黄身だけが上部に残る。こちらは端をボウルに引っかけることができるので、複数個を連続で分けたい場合に両手が使えて便利。

玉子焼き器
卵焼きやだし巻き卵だけでなく、本書ではサンドイッチ用のオムレツも玉子焼き器で焼く。一番小さなタイプを使うと、食パンに合わせやすいサイズになる。銅製の玉子焼き器は熱伝導率がよいため短時間で火が入り、ふっくらとした焼き上がりは秀逸。手入れをすれば長く使える。
(銅製・関西型・95×108×204㎜)

エッグポーチャー
ポーチドエッグを作る際、湯を沸かした鍋に入れて使う。カップの部分に卵を落とし入れると、白身が自然にまとまる。下の部分の穴は湯がまんべんなく流動するように設計されているため、ゆでている間に卵を回転させなくてもムラなく火が通る。ポーチドエッグを少量作る場合に便利な道具。

エッグポーチャー（4個組）
欧米で古くから使われている、ポーチドエッグ用の器具。湯を沸かした鍋に入れ、卵形のくぼみに卵を割り入れて使う。まとめて作る際には便利。最近は表面がフッ素樹脂加工されたものや、シリコン製、鍋とセットになったものなどより扱いやすいタイプもある。

エッグハンマー
卵の殻をきれいに割る道具。卵のとがった方を上にしてエッグスタンドに立て、エッグハンマーを卵にかぶせる。かぶせた部分を軽く押さえ、ハンマー部分を持ち上げバネをきかせてハンマーでたたくと卵の上部にヒビが入る。半生のゆで卵(p.96参照)や卵の殻を器にする場合(p.97参照)に使う。

目玉焼きリング
マフィンやバーガー用に、目玉焼きを丸く焼き上げたいときに使う。フライパンにのせて、型の内側に卵を割り入れて焼く。型の内側にあらかじめ油を塗っておくと、焼き上がった卵が剥がれやすい。セルクルでも代用できるが、取っ手付きのタイプは熱くならず扱いやすい。

エッグストレーナー
目の細かいステンレス製のザルで、だし巻き卵やカスタードクリームを作る際に卵を漉すのに使う。取っ手付きで、鍋やボウルの縁にかけられて便利。小ぶりだが、だしやスープを漉す際にも手軽に使える。目の細かいザルやシノワでも代用できる。

あんべら＆パレットナイフ
サンドイッチ作りでパンにバターや卵サラダを塗るのに使う。あんべら(左)はパン生地にフィリング類を包む際に使うもので、スプーンなどで包むよりも作業性がよい。シンプルな形状で衛生的。塗りもの全般に便利で、サンドイッチ作りでも均一に手早く塗ることができる。持ち手が付いたパレットナイフを使う場合は小ぶりなものを選ぶと使いやすい。

01 パンに合わせる基本の卵

サンドイッチの基本　野菜の扱い方

野菜の下準備は、サンドイッチの仕上がりを大きく左右します。ここではサンドイッチに使う基本の野菜——レタス、トマト、きゅうりの扱い方の一例を紹介します。B.E.L.T.サンドイッチ（p.150参照）や、卵サラダときゅうりの全粒粉サンド（p.54参照）を作る際には、ぜひ押さえたいポイントです。さまざまなサンドイッチに応用できます。

レタスの下準備

葉物野菜は新鮮な食感を生かしつつ、水気をしっかり切ることが大切です。レタスのほか、グリーンリーフ、サニーレタスなども同様に下準備をして使いましょう。レタスをたっぷりはさむときは、ちぎらずに大きな葉を使うのがポイントです。折りたたんではさむことで崩れにくくボリューム感が出ます。

1 ペティナイフでヘタを取り、丁寧に、1枚ずつ葉を剥がしてたっぷりの冷水でよく洗う。

3 さらにペーパータオルで押さえて余分な水分を取る。

5 レタスがバラバラにならずにきれいな断面に。

2 冷水につけてシャキッとさせた後、サラダスピナー※でしっかりと水分を取る。

4 パンのサイズに合わせて折りたたみ、上から手のひらでたたいて形を整える。

※サラダスピナー
葉物野菜の水切りには必須。遠心力で水分を飛ばすことで、シャキッとした食感が生きる。

トマトの下準備

トマトは水分が多く、パンへの水分移行が気になる食材です。丁寧な下準備と、はさむ順番（パンに接着させない）がポイントです。あらかじめ塩をふっておくと、余分な水分が出るのと同時に、味わいが引き締まります。

1 ペティナイフでヘタを取ってよく洗う。表面の水分をペーパータオルで拭き取り、好みの厚さにスライスする。

2 バットにペーパータオルを敷いた上に1を並べ、塩を少々ふる。

3 はさむ直前に再度ペーパータオルで押さえる。

きゅうりの下準備とはさみ方

きゅうりは切り方とはさみ方で仕上がりの印象が大きく変わります。スライサーを使うことでうきれいに仕上がります。また、塩、白こしょうとビネガーでマリネすると洗練された味わいに。組み合わせる食材によって、そのまま使うかマリネするかを使い分けるとよいでしょう。

1 きゅうりは洗った後に両端を切り落とし、半分に切る。スライサー※を使って2mmの厚さにスライスする。**2**のマリネの工程を省いて、**3**の工程に進んでもよい。

3 まな板にペーパータオルを敷き、きゅうりを縦向きに、パンの幅に合わせて均一にずらしながら並べる。上からペーパータオルで押さえて余分な水分を取る。

5 濃いグリーンと淡いグリーンのコントラストがきれいに出る。

2 バットに入れて塩と白こしょうを全体にふる。白ワインビネガー少々をふりかけて約10分おく。途中できゅうりを裏返して全体をなじませる。

4 並べた状態のままでパンにのせる。パンを切るときは、きゅうりの向きと直角に切る。

※スライサー
厚みを調整できるスライサーは、きゅうりのサンドイッチには欠かせない道具。手早く均一にスライスできる。

はさむ順序について

ここではB.L.T.サンドイッチを例にはさむ順序を考えてみましょう。まず注意したいのが、水分量が多い具材は、パンに直接ふれないようにすることです。また生野菜同士を直接重ねると滑りやすいので、間にソースをはさんで接着させます。こうするとソースによって野菜の味が引き立つことも利点です。こうした点をふまえ、下からパン（+バター）、ベーコン、トマト、ソース、レタス、パン（+バター）の順にはさむとよいでしょう。

水分量の多いトマトとソースは内側に。トマトとレタスの間にソースをはさんで接着させる。

02
パンに卵を
はさむ

02 パンに卵を【はさむ】

ゆで卵 ✕ 食パン

荒目の裏ごし器で

基本の卵サラダサンド

荒目の裏ごし器

メッシュの粗い裏ごし器を使った卵サラダは、ゆで卵の存在感がありながらも食べやすい基本のメニューです。ここで使用したのは、目の大きさが6.35mm、裏ごし器の替え網としては一番大きな4メッシュ。一般的なエッグスライサーのスライス幅は6mmなので、エッグスライサーで3方向からカットしてもほぼ同様の仕上がりです。

細目の裏ごし器で

なめらか卵サラダサンド

細目の裏ごし器

メッシュの細かい裏ごし器を使うと、なめらかで上品な食感の卵サラダに仕上がります。ここで使用したのは、目の大きさが2.0mmの12メッシュ。メッシュの細かさは、味わいの繊細さと比例します。さらに細目の裏ごし器なら、白身の食感が薄れてクリーミーに。手切りの場合は、白身と黄身を分けて丁寧にカットしましょう。

02 パンに卵を【はさむ】

ゆで卵 ✕ 食パン

基本の卵サラダのはさみ方

シンプルな卵サラダサンドは、卵サラダの塗り方、食パンの厚さとのバランスで味わいの印象が大きく変わります。基本の卵サラダは、適度な厚みのある食パンにふっくらとはさんでボリューム感を出しましょう。

材料(1組分)
角食パン(8枚切り) …… 2枚
基本の卵サラダ …… 80g
(p.10〜13参照／4メッシュの裏ごし器使用)

基本の卵サラダ作り方
固ゆで卵2個を荒目の裏ごし器でつぶし、塩、白こしょうで下味をつけてから16gのマヨネーズを合わせる。

1. 基本の卵サラダを角食パンの中央にのせる。中心が高くなるようにこんもりと置く。

2. 基本の卵サラダを角食パンに塗る。角食パンを手のひらにのせ、手のひらを軽く丸めるようにした状態で、中央から四隅に向かってヘラで軽くなじませるようにすると自然にふっくらと塗ることができる。また、耳の際までは伸ばさず、耳から10mm程度内側まで塗る。こうすることで、耳を切る際に卵サラダを切り落としてしまうロスがなく、また中央部分に厚みを持たせることでボリューム感が出せる。

3. もう1枚の角食パンを合わせ、耳を切り落としてから3等分に切る。左右対称のふくらみが美しさのポイントで、これより小さいカットは向かない。

なめらか卵サラダのはさみ方

ゆで卵を細かくカットしたなめらかな卵サラダは、薄切りの食パンに合います。耳の際まで均一な厚みで塗るとパンと卵サラダが平行に整った断面が美しく、どこを食べてもバランスが整った上品な味わいです。

材料(1組分)
角食パン(10枚切り) …… 2枚
なめらか卵サラダ …… 60g
(p.10〜13参照／12メッシュの裏ごし器使用)

なめらか卵サラダの作り方
固ゆで卵2個を細目の裏ごし器でつぶし、塩、白こしょうで下味をつけてから16gのマヨネーズを合わせる。

1. なめらか卵サラダを角食パンの中央にのせる。

2. なめらか卵サラダを角食パンに塗る。角食パンをまな板に置いたまま、なめらか卵サラダの厚みが均一になるように耳の際まで丁寧に塗り伸ばす。

3. もう1枚の角食パンを合わせ、耳を切り落としてから3等分に切る。角食パンの端までなめらか卵サラダが均一にはさまれているので、さらに小さく切ってもバランスが保てる。

02 パンに卵を【はさむ】
ゆで卵 ✕ 食パン

手切りで
乱切り卵サンド

包丁

エッグスライサーで
輪切り卵サンド

エッグスライサー

乱切り卵サラダのはさみ方

ゆで卵の存在感を強調した乱切り卵サラダは、基本の卵サラダサンドと同様に中央部分にふっくらと厚みを持たせましょう。厚切りの食パンにはさむと、卵とパンの食感、味わいのバランスが整います。

材料(1組分)
角食パン(6枚切り) …… 2枚
乱切り卵サラダ …… 120g
(p.10〜13参照)

乱切り卵サラダの作り方
固ゆで卵2個を包丁で乱切りし、塩、白こしょうで下味をつけてから25gのマヨネーズを合わせる。

1. 乱切り卵サラダを角食パンの中央にのせる。角食パンを手のひらにのせ、手のひらを軽く丸めるようにした状態で、中央から四隅に向かってヘラで軽くなじませるように伸ばす。卵のカットサイズが大きいため塗り伸ばしにくい。パンをつぶさない程度の力加減で卵サラダとパンの隙間を埋めるイメージでふんわりと押さえるように塗るとよい。

2. 基本の卵サラダ(p.50参照)と同様に乱切り卵サラダを耳から10mm程度内側まで塗る。耳を切る際に押しならされるので、端の部分に全く卵サラダがない状態にはならない。中央部分に厚みを持たせることでボリューム感が出る。

3. もう1枚の角食パンを合わせ、耳を切り落としてから2等分に切る。卵たっぷりのワイルドな食べ応えで、素材感が強調される。

輪切り卵のはさみ方

エッグスライサーでスライスしたゆで卵をサラダにせずそのままはさみます。薄切りの食パンを使い、たっぷりマヨネーズを塗るのがポイントです。口の中で完成される、シンプルな味わいが魅力です。

材料(1組分)
角食パン(12枚切り) …… 2枚
固ゆで卵(p.10〜11参照) …… 1個
マヨネーズ …… 12g
塩、白こしょう …… 少々

1. エッグスライサーで固ゆで卵をスライスする。角食パンの片面にマヨネーズを半量ずつ塗り、固ゆで卵を並べる。

2. 黄身の大きい中心部をパンの中央に置き、さらに角に向かって4カ所に黄身の入ったものを並べる。白身だけの部分を隙間に置く。固ゆで卵の上に塩、白こしょうを軽くふる。

3. もう1枚の角食パンを合わせる。耳を切り落とし、対角線上に2方向に包丁を入れて4等分に切る。薄切りの角食パンとスライスした卵のシンプルな組み合わせで、パンと卵、それぞれの個性が際立つ。

02 パンに卵を【はさむ】

ゆで卵 ✕ 食パン ＋ 食材アレンジ！

卵サラダときゅうりの全粒粉サンド

基本の卵サラダに野菜を一つ加えるなら、まずはきゅうりをおすすめします。瑞々しさとシャリッとした食感が合わさって、喉ごしがよく後味もさわやかです。
卵サラダときゅうりの組み合わせだけでも、きゅうりの形状や組み合わせる食材、パンの種類や厚さを変えることで、さまざまなバランスに再構築できます。
ここではきゅうりを白ワインビネガーと塩、白こしょうで軽くマリネすることで、ほのかな酸味が加わり、上品な味わいに。素朴な風味と香ばしさが感じられる全粒粉パンとの組み合わせは、シンプルながらも印象的なおいしさです。

材料(1組分)

全粒粉食パン(12枚切り) …… 2枚
無塩バター …… 6g
基本の卵サラダ(p.50参照) …… 50g
きゅうり(2mmスライス) …… 40g
白ワインビネガー …… 少々
塩 …… 少々
白こしょう …… 少々

作り方

1. きゅうりをバットに入れ、塩、白こしょうを全体にふる。白ワインビネガーをふりかけ、約10分マリネする。途中きゅうりを裏返して、全体をなじませる。
2. 全粒粉食パンの片面に無塩バターを半量ずつ塗る。
3. 1をペーパータオルで押さえて余分な水分を取り、きゅうりを並べてのせる。
4. もう1枚の全粒粉食パンに基本の卵サラダを塗り、3と合わせる。
5. 耳を切り落とし、3等分に切る。

Healthy な定番！

卵サラダときゅうりのライ麦サンド

見た目は左ページのサンドイッチとそっくり。同じ食材の組み合わせですが、こちらはキャラウェイ入りのライ麦パンを使っています。ライ麦特有の酸味とキャラウェイのさわやかな酸味を引き立てるため、卵サラダにはサワークリームを合わせます。きゅうりはマリネせずにそのままで。ライ麦食パンの片面にクリームチーズを塗ることでコクと酸味がプラスされます。パンを3枚にすることで、卵サラダときゅうりとパン、それぞれの主張が強く感じられます。ひと口目はそれぞれの食材の個性を、ふた口目からは咀嚼するごとに調和していく変化を、じっくりと味わってください。

材料(1組分)

ライ麦食パン(12枚切り) …… 3枚
サワークリーム卵サラダ
(p.14参照) …… 50g
きゅうり(2mmスライス) …… 50g
無塩バター … 9g
クリームチーズ …… 8g
塩 … 少々
白こしょう …… 少々

作り方

1. ライ麦食パンは片面に無塩バターを3gずつ塗る。
2. 1にサワークリーム卵サラダをはさむ。
3. 2の上に残りの無塩バターを塗り、きゅうりを並べる。きゅうりの上に軽く塩、白こしょうをふる。
4. もう1枚のライ麦食パンの片面にクリームチーズを塗り、3と合わせる。
5. 耳を切り落とし、3等分に切る。

酸味が good！

02 パンに卵を【はさむ】

ゆで卵 ✕ 食パン + 食材アレンジ！

ざく切りきゅうりの卵サラダサンド

パリの老舗ベーカリーで見かけたきゅうり入り卵サンドから発想を得て、あえてざく切りのきゅうりをたっぷりと組み合わせてみました。
パンに塗ったクリームチーズがパンへの水分移行を防ぎ、味わいにコクも出ます。すぐにいただくなら、きゅうりは下処理なしでそのままの瑞々しさを楽しんで。水分が気になる場合は種を取り、塩もみして余分な水気を取ってから混ぜ合わせましょう。

材料(1組分)

角食パン(5枚切り) …… 2枚
クリームチーズ …… 10g
サワークリーム卵サラダ
(p.14参照) …… 70g
きゅうり …… 30g
塩 …… 少々
白こしょう …… 少々

作り方

1. きゅうりは乱切りにして塩もみする。種を取る場合は、きゅうりを縦半分に切り、中心部の種をスプーンでこそげ取ってから乱切りにする。
2. サワークリーム卵サラダと1を混ぜ合わせ、塩、白こしょうで味をととのえる。
3. 角食パンの片面にクリームチーズを半量ずつ塗り、2をはさむ。
4. 耳を切り落とし、半分に切る。

ザクザクきゅうり

卵&チキンとスティック野菜のサラダサンド

卵サラダに蒸し鶏を加えてスティック野菜を大胆に合わせたサラダサンドは、野菜のポリポリした食感や和風ソースの味つけが新鮮で、予想外のバランスを楽しめます。断面の見た目も魅力的。よく冷やすと、野菜の食感が引き立ち、暑い季節には特におすすめです。

ごまドレッシングにすりごまをたっぷり混ぜたソースは、ジューシーでありながら液だれしにくいのがポイントです。ドレッシング＋粉末食材の組み合わせは、サンドイッチのソースとしてさまざまな可能性があります。

材料（1組分）
- 角食パン（6枚切り） …… 2枚
- 無塩バター …… 6g
- 基本の卵サラダ（p.50参照） …… 60g
- 蒸し鶏※ …… 40g
- スティック野菜（きゅうり、にんじん、大根・12mm角×8cm） …… 各2本
- ごまソース …… 15g
  （市販のごまドレッシング：すりごま〈白〉＝10：3の割合で混ぜ合わせる）
- グリーンリーフ …… 7g
- 塩 …… 少々
- 白こしょう …… 少々
- すりごま（白） …… 少々

作り方
1. 蒸し鶏は繊維に沿って細かくほぐして塩、白こしょうをふり、基本の卵サラダに混ぜ合わせる。
2. 角食パンの片面に無塩バターを半量ずつ塗り、グリーンリーフをのせる。その上に1をのせ、ごまソースを中央にかける。
3. 2にスティック野菜を並べ、もう1枚の角食パンではさむ。
4. 耳を切り落とし、半分に切る。仕上げにすりごま（白）をふる。

※蒸し鶏（作りやすい量）
鶏むね肉1枚は大きく斜めにそぎ切りし、薄い2枚にする。耐熱皿に入れ、両面に塩、白こしょうをふり、酒少々をかける。しょうがの薄切り1枚と、ねぎの青い部分をのせ、ふんわりとラップをし、500Wの電子レンジで約3分30秒加熱する。取り出したらラップをしたまましばらくおき、余熱で火を入れる。

ポリポリ野菜

02 パンに卵を【はさむ】

ゆで卵 ✕ 食パン + 食材アレンジ！

卵&コーンサラダサンド

基本メニューのアレンジで迷ったときは、食材もしくは調味料を足し算するか、引き算するかを考えてみましょう。卵サラダサンドなら、食材を別々に重ねるのか、卵サラダ自体に食材を混ぜ込むのかで、同じ食材でも味わいへの影響が異なります。また、彩りの要素も重要で、同系色でなじませるのか、反対色で彩りを引き立てるのかで印象が違います。ここではあえて同系色のコーンを合わせました。色が卵になじんでわかりにくいからこそ、食べた時のコーンがはじける食感と甘みはインパクトがあります。

材料（1組分）

角食パン（8枚切り）……2枚
無塩バター……6g
はちみつ……4g
基本の卵サラダ（p.50参照）……65g
ホールコーン（缶詰）（水切りする）
……35g
黒こしょう……少々

作り方

1. 角食パンの片面に無塩バターを半量ずつ塗る。もう1枚にはさらにはちみつを塗る。
2. 基本の卵サラダにホールコーンと粗くひいた黒こしょうを混ぜ合わせ、1にはさむ。
3. 耳を切り落とし、対角線上に2方向に包丁を入れて4等分に切る。仕上げに粗くひいた黒こしょうをふる。

＊はちみつをパンに塗っているのは、とうもろこしの甘みを引き立てるため。また、粗びき黒こしょうでアクセントをつけることで、甘さに偏ることなく大人味に仕上がります。ここではホールコーン（缶詰）を使用していますが、夏には蒸したてのとうもろこしをたっぷり合わせてみましょう。

はじける甘み

煮卵サンド

一見、普通の卵サンドですが食べてビックリ！だしの風味にホッとする和風味です。ソフトな食パンなら少し厚めのものを合わせましょう。だしとしょうゆがきいたしっかりした味わいを厚めのパンが受け止めてくれます。隠し味にからしをひと塗りすると、味わいが引き締まります。
メニュー開発の現場では"斬新な組み合わせを"と難しく考えがちですが、日々の食卓から発想した何気ないひと工夫がヒット商品のアイディアになります。

材料(1組分)

角食パン(5枚切り) …… 2枚
無塩バター …… 6g
煮卵サラダ(p.15参照) …… 100g
からし …… 1g

作り方

1. 角食パンの片面に無塩バターを半量ずつ塗る。もう1枚にはさらにからしを塗る。
2. 1に煮卵サラダをはさむ。
3. 耳を切り落とし、3等分に切る。

〈だし香る和風味〉

*煮卵サラダには、パクチーもよく合います。刻んでトッピングに、また煮卵サラダの中に混ぜ合わせてからはさんでもよいアクセントになります。

02 パンに卵を【はさむ】

ゆで卵 ✕ 食パン ＋ 食材アレンジ！

ハーブ卵とスプラウトのサラダサンド

サンドイッチは食べるシーンにより求められるバランスが異なります。1食分としての重量感やカロリーを必要とするものと、ティータイムに軽くにつまむものとでは、パンの厚みや具の量、味つけの方向性が変わって当然です。
薄めのパンに繊細な具材の組み合わせは、イギリスのティーサンドイッチがお手本です。ハーブとサワークリーム入りのマヨソースで作るハーブ卵サラダは、ゆで卵を細かくつぶしてなめらかに仕上げます。薄めのパンに程よい量をはさむことで、繊細さが引き立ちます。

材料（1組分）

角食パン（12枚切り）……2枚
クリームチーズ……14g
ハーブ卵サラダ※……60g
ブロッコリースプラウト……10g
塩……少々
白こしょう……少々

※ハーブ卵サラダ
（なめらか卵サラダ〈p.51参照〉のアレンジ）
固ゆで卵2個（p.10〜13参照）を細目（12メッシュ）の裏ごし器でつぶし、塩、白こしょうで下味をつけてから20gのサワーマヨソース（p.35参照）を合わせる。

作り方

1. 角食パンは1枚にクリームチーズを塗り、塩、白こしょうをふる。
2. もう1枚の角食パンにハーブ卵サラダを塗り、ブロッコリースプラウトをのせる。
3. 2と1を合わせて、耳を切り落とし、対角線上に2方向に包丁を入れて4等分に切る。

↙ 上品な酸味

ハーブ卵とハムのミックスサンド

ハーブの香る卵サラダはさわやかな酸味のバランスがよく、全粒粉パンの素朴な香りによく合います。上質なハムとサラダ菜との組み合わせは、ナチュラルな色合いも魅力的です。サラダ菜の鮮やかな色みとほのかな甘みが、シンプルな組み合わせの名脇役。彩り重視の葉物野菜も、レタス、グリーンリーフ、サニーレタス、サラダ菜やルッコラなど、それぞれの味わい、香り、食感を考えて選ぶことで、ワンランク上のバランスに組み立てられます。

材料(1組分)

全粒粉食パン(12枚切り) …… 3枚
無塩バター …… 9g
クリームチーズ …… 8g
マヨネーズ …… 2g
ハーブ卵サラダ(p.60参照) …… 60g
ももハム …… 20g
サラダ菜 …… 5g

作り方

1. 全粒粉食パンは1枚にクリームチーズを塗り、その上からハーブ卵サラダを塗る。無塩バター3gを塗った全粒粉食パンではさむ。
2. 1の上に無塩バター3gを塗り、ハムをのせる。マヨネーズを細く絞り、サラダ菜をのせ、残りの無塩バターを塗った全粒粉食パンではさむ。
3. 耳を切り落とし、3等分に切る。

さわやかな香り

02 パンに卵を【はさむ】

ゆで卵 ✕ 食パン + 食材アレンジ！

輪切り卵とハムとレタスのミックスサンド

ゆで卵とハムとレタスのサンドイッチ。メニュー名だけを見ると、いたって定番の組み合わせですが、卵の使い方、パンの厚さや種類を変えると、仕上がりのイメージは大きく変わります。
輪切りのゆで卵とハム＆レタスの組み合わせは、写真とレシピを見るだけでは、強い主張は感じられませんし、そもそも穏やかな味わいのものばかりです。そんな当たり前の組み合わせが、薄切りパンを3枚使い、サワークリームとハーブが香るソースを合わせることで、単独では出せない、組み合わせの妙を作り出します。

材料（1組分）

角食パン（12枚切り）……3枚
無塩バター……6g
固ゆで卵（p.10～11参照）……1個
サワーマヨソース
（p.35参照）……13g
レタス……24g
ももハム……2枚(25g)
塩……少々
白こしょう……少々

作り方

1. 角食パン2枚にサワーマヨソースを5gずつ塗る。
2. 1に卵スライサーで輪切りにしたゆで卵をはさむ（p.53参照）。ゆで卵の上に塩、白こしょうをふる。
3. 2の上に無塩バターを3g塗り、ももハムをのせる。ももハムの上に残りのサワーマヨソースを細く絞り、角食パンよりふた回り小さいサイズに折りたたんだレタスをのせる。残りの無塩バターを塗った角食パンではさむ。
4. 耳を切り落とし、対角線上に2方向に包丁を入れて4等分に切る。

定番のバランス！

半割り卵とハムとレタスのミックスサンド

左ページと同じ食材の組み合わせですが、パンの種類や厚み、卵の量と使い方を変えて、ガラッとイメージを変えてみました。パンと食材、それぞれを最大限活かすバランスを目指すなら、この組み合わせがベストとは言えません。卵が多過ぎるし、具の多さは食べにくさにもつながります。
とはいえ、あえての半割り、あえてのボリュームはインパクト大。厚めのパンを使い、食材同士をソースで接着させ、半割り卵とパンの隙間を卵サラダで埋めることで、ペーパーで包まずともカットでき、自立も可能。食べ応えも抜群です。ボリューム重視？それとも食べやすさ？何を重視するかで、サンドイッチの組み立ては変わります。足し算だけでなく、引き算の大切さも考えながら、メニューを組み立てたいものです。

材料(1組分)

全粒粉食パン(8枚切り) …… 2枚
無塩バター …… 6g
固ゆで卵(p.10〜11参照) …… 2+1/2個
基本の卵サラダ(p.50参照) …… 50g
サワーマヨソース
(p.35参照) …… 8g
レタス …… 6g
ももハム …… 2枚(25g)
塩 …… 少々
白こしょう …… 少々

作り方

1. 全粒粉食パンは片面に無塩バターを半量ずつ塗る。
2. 固ゆで卵はワイヤーカッターを使って縦半分に切る(p.12参照)。カット面を上にして、塩、白こしょうをふる。
3. 1にレタスをのせ、サワーマヨソース2gを細く絞る。ももハムをのせ、サワーマヨソース3gを絞り、2を3カット(1+1/2個分)のせる。さらにサワーマヨソースを3g絞り、残りの固ゆで卵2カット(1個分)をのせる。
4. もう1枚の全粒粉食パンに基本の卵サラダを塗り、3と合わせる。
5. 耳を切り落とし、2等分に切る。

ボリューム満点！

02 パンに卵を【はさむ】

ゆで卵 × 食パン + 食材アレンジ！

卵とえびとブロッコリーの全粒粉サンド

卵とえびとブロッコリーは、デリでも定番の組み合わせです。えびは人気の高い食材である一方で、時間が経つと臭みが出やすく丁寧な下処理が重要です。ブロッコリーはゆで加減としっかりした味つけがおいしさを左右します。
えびもブロッコリーも、ゆですぎないように注意しましょう。特にブロッコリーは水っぽくなりやすいので、カットサイズと食感のバランスを意識します。ブロッコリーとえび、それぞれに合うソースを使い分けるのもポイントです。卵の重量が一番多いのにもかかわらず、卵以外の食材がしっかりと感じられるのは、組み合わせのバランスがあってこそ。全粒粉パンの香りも生きています。当たり前の組み合わせだからこそ、手間を惜しまず組み立てることが大切です。

材料（1組分）

全粒粉食パン（8枚切り）……2枚
無塩バター……6g
基本の卵サラダ（p.50参照）……80g
ブロッコリー……30g
むきえび……40g
サワーマヨソース
（p.35参照）……5g
オーロラソース（p.35参照）……6g
片栗粉……少々
塩……少々
白こしょう……少々

作り方

1. 全粒粉食パンは片面に無塩バターを半量ずつ塗る。
2. むきえびは背わたを取り、塩少々と片栗粉をまぶしてもみ込む。流水で汚れを洗い流してからザルにあげ、塩水でゆでる。ペーパータオルで押さえて水気を取り、軽く塩、白こしょうをする。
3. ブロッコリーは小房に分け、塩水でゆでる。1分半～2分程度でザルにあげ、水気を切る。
4. 1に基本の卵サラダを塗り、中央（カット位置）に3をのせる。ブロッコリーの上にサワーマヨソースを細く絞り、2をのせる。むきえびの上にオーロラソースを細く絞る。
5. もう1枚の全粒粉食パンではさみ、耳を切り落とし、2等分に切る。

えび好きさんに！

卵とサーモンとアボカドのライ麦サンド

スモークサーモンも人気の高いサンドイッチ食材の一つである一方で、えびと同様に、鮮度と香りのコントロールが重要です。
ライ麦とキャラウェイの香りがきいたライ麦パンは力強く、サーモンの存在感にも負けません。アボカドにレモン果汁、塩、白こしょうで下味をつけ、サワーマヨソースでつなぐことでさわやかにまとまります。
卵サラダの間にパンが入るからこそ、サーモンとアボカド、卵とフリルレタス、それぞれの個性が引き立ち、味わいの輪郭がはっきりと感じられます。

材料(1組分)

ライ麦食パン(12枚切り) …… 3枚
無塩バター …… 12g
基本の卵サラダ(p.50参照) …… 50g
フリルレタス …… 8g
スモークサーモン …… 30g(3枚)
アボカド …… 1/2個
サワーマヨソース
(p.35参照) …… 6g
レモン果汁 …… 少々
塩 …… 少々
白こしょう …… 少々

作り方

1. ライ麦食パンは片面に無塩バター3gずつを塗る。
2. アボカドはスライスし、塩、白こしょうをふり、レモン果汁をふりかける。
3. 1にフリルレタスをのせ、サワーマヨソースの半量を細く絞り、無塩バターの上に基本の卵サラダを塗ったライ麦食パンではさむ。
4. 3の上に残りの無塩バターを塗り、スモークサーモンをのせ、サワーマヨソースを細く絞る。2の余分な水気をペーパータオルで押さえて取り、スモークサーモンの上にのせる。
5. もう1枚のライ麦食パンではさみ、耳を切り落とし、3等分に切る。

アボカド好きに!

02 パンに卵を【はさむ】
卵焼き✕食パン

きび砂糖と煮切りみりんのまろやかな甘みが印象的な卵焼きは、家庭的で懐かしい味わいです。食パンと卵焼きの甘みをつなぐのが、パンに塗ったマヨネーズ。卵のソースなので、卵焼きとの相性は抜群です。程よい酸味がアクセントになり、パンと卵焼きをやさしく調和させます。

材料(1組分)
角食パン(6枚切り) …… 2枚
マヨネーズ …… 10g
卵焼き(p.16～17参照) …… 1本

作り方
角食パンは耳を切り落としてから、片面にマヨネーズを半量ずつ塗る。卵焼きをはさみ、3等分に切る。

食パンに塗るのは、マヨネーズ。マヨネーズは少し多めがバランスよく仕上がります。卵焼きの甘みが引き立ち、マヨネーズの酸味とのコントラストが印象的です。

パンも卵焼きも厚みがあるため、はさんでからだとまっすぐ切るのに苦労します。あらかじめ耳だけ切ってからはさむと、パンがつぶれにくく失敗がありません。

だし巻き卵 × 食パン

卵焼きと並んでだし巻き卵のサンドイッチも、近年、人気が高まっています。だしを多く含むため、卵焼きと比べると難易度が上がりますが、出来たてのおいしさは格別です。パンに塗ったからしマヨネーズがピリッと刺激的。程よいアクセントがあることで、上品にまとまり過ぎることなく、味わいの印象を強めます。

材料(1組分)
角食パン(6枚切り) …… 2枚
からしマヨネーズ
(p.34参照) …… 10g
だし巻き卵(p.18〜19参照) …… 1本

作り方
角食パンは耳を切り落としてから、片面にからしマヨネーズを半量ずつ塗る。だし巻き卵をはさみ、3等分に切る。

だし巻き卵にはからし入りのマヨネーズがよく合います。繊細なだしの香りにアクセントがつき、和の印象が強まります。

しっとりとだしを含んだだし巻き卵には、しっとりしなやかなパンがよく合います。食パンはできるだけフレッシュなものを使いましょう。パンが乾燥しているとおいしさが半減します。

02 パンに卵を【はさむ】

卵焼き × 食パン + 食材アレンジ！

焼きいもの卵焼きのレーズンパンサンド

ほっくり甘い焼きいもを入れた卵焼きはそのままでもおやつのよう。さつまいもと相性のよいレーズン入りのパンではさみました。レーズンパンにはバターを塗って。焼きいもとレーズンにバターの香りが重なることで、卵焼きサンドがスイーツに変身します。

材料(1組分)

レーズン食パン
(ワンローフ／15mmスライス) …… 2枚
無塩バター …… 6g
焼きいもの卵焼き※ …… 1本

※焼きいもの卵焼き
焼きいも50gを皮をむいて1cm角に切り、基本の卵焼きに混ぜ合わせて焼く(p.16〜17参照)。

作り方

1. レーズン食パンは片面に無塩バターを半量ずつ塗る。
2. 1に焼きいもの卵焼きをはさみ、半分に切る。

おやつ感覚

からし明太子とねぎの卵焼きサンド

からし明太子とねぎを合わせた居酒屋風の卵焼きはお酒に合う大人味。基本の卵焼きより甘みを抑え、牛乳を加えることで、辛さがありながらもマイルドに、パンとのバランスもよくなります。ビールや日本酒と一緒におつまみサンドとして。お花見や、行楽シーズンにもおすすめのメニューです。

材料(1組分)

角食パン(6枚切り) …… 2枚
マヨネーズ …… 10g
からし明太子とねぎの卵焼き …… 1本

※からし明太子とねぎの卵焼き
卵3個をボウルに割りほぐし、万能ねぎ(みじん切り)8g、牛乳大さじ1、しょうゆ小さじ1/2、みりん小さじ1/2を加え混ぜる。からし明太子は薄皮を取って40g計量する。玉子焼き器に油をなじませて熱し、卵液の1/3量を流し入れる。菜箸で軽く混ぜ、軽く焼き固まってきたら、からし明太子を一列に敷き、からし明太子が中心になるように巻く。残りの卵液を3回に分けて流し入れ、その都度巻きながら焼き上げる(p.16〜17参照)。

作り方

1. 角食パンは耳を切り落とし、片面にマヨネーズを半量ずつ塗る。
2. 1にからし明太子とねぎの卵焼きをはさみ、3等分に切る。

おつまみ感覚

02 パンに卵を【はさむ】
だし巻き卵 ✕ 食パン + 食材アレンジ！

桜えびのだし巻き卵サンド

卵焼きやオムレツは、さまざまな食材や調味料を加えてのアレンジも楽しみです。とはいえ、だし巻き卵は足し過ぎないことも大切です。だしの香りを引き立てる上質な素材を合わせるなら、なるべくシンプルに。例えば釜揚げの桜えび。やさしい香りとソフトな食感が卵になじみ、桜えびならではの繊細な旨みが感じられます。食材を一つ足すだけでも、味の違いは明確です。

材料（1組分）
角食パン（8枚切り）……2枚
からしマヨソース（p.34参照）……10g
桜えびのだし巻き卵※……1本

※桜えびのだし巻き卵
卵3個をボウルに割りほぐし、合わせだし大さじ3、しょうゆ小さじ1、みりん小さじ2をよく混ぜ合わせてから、桜えび（釜揚げ）20gを合わせる。玉子焼き器に油をなじませて熱し、卵液の1/4量を流し入れる。菜箸でさっと混ぜ、軽く焼き固まってきたら巻き込む。残りの卵液を1/3量ずつ流し入れ、その都度巻きながら焼き上げる（p.18～19参照）。

作り方
1. 角食パンは耳を切り落とし、片面にからしマヨソースを半量ずつ塗る。
2. 1に桜えびのだし巻き卵をはさみ、3等分に切る。

繊細な旨み

かにと三つ葉のだし巻き卵サンド

かつおと昆布の合わせだしを使っただし巻き卵と、海の幸との組み合わせは間違いありません。生ものを一から加工するとなるとハードルが高いのですが、缶詰を使うと手軽です。おすすめは、ずわいがに。やさしい旨みが相乗します。彩りと香りづけに、刻んだ三つ葉を合わせます。清涼感ある香りとシャキッとした食感が、かにの風味を引き立てます。

材料(1組分)
角食パン(8枚切り) …… 2枚
からしマヨソース(p.34参照) …… 10g
かにと三つ葉のだし巻き卵※ …… 1本

※かにと三つ葉のだし巻き卵
卵3個をボウルに割りほぐし、合わせだし大さじ3、しょうゆ小さじ1、みりん小さじ2をよく混ぜ合わせてから、三つ葉(1cm幅に切る)4g、ずわいがに缶詰(水切りする)20gを合わせる。玉子焼き器に油をなじませて熱し、卵液の1/4量を流し入れる。菜箸でさっと混ぜ、軽く焼き固まってきたら巻き込む。残りの卵液を1/3量ずつ流し入れ、その都度巻きながら焼き上げる(p.18〜19参照)。

作り方
1. 角食パンは耳を切り落とし、片面にからしマヨソースを半量ずつ塗る。
2. 1にかにと三つ葉のだし巻き卵をはさみ、3等分に切る。

ふくよかな旨み

02 パンに卵を【はさむ】

オムレツ✕食パン

卵サンドをすぐに食べたい！というときは、ゆで卵よりも早く作れるオムレツサンドがおすすめです。バターが香るプレーンオムレツは、サックリ焼いたトーストによく合います。パンにバターとケチャップを塗り重ねると、卵焼きサンドとはイメージが変わり、洋風の味わいに。具材を混ぜて焼き込んだり、ベーコンや野菜と合わせたり、ここからアレンジのアイディアが広がります。

材料（1組分）
角食パン（8枚切り）……2枚
無塩バター……6g
ケチャップ……10g
オムレツ（p.20〜21参照）……1枚

作り方
角食パンはトーストする。片面に無塩バターを半量ずつ塗り、さらにケチャップを半量ずつ塗り重ねる。オムレツをはさんで上下の耳を切り落としてから、3等分に切る。

角食パンは焼き色がつく程度にカリッとトーストすると、シンプルなオムレツのおいしさが引き立ちます。バターとケチャップを重ねて塗るのもポイント。トーストとオムレツの味わいがなじんでバランスよくまとまります。

食パンの耳はトーストするとより香ばしく、耳ならではのおいしさが感じられます。耳付きのサンドイッチにする場合、側面2辺だけ耳を残し、上下2辺は切り落としましょう。1カットごとのバランスが整い、最後までバランスよく楽しめます。

オムレツ【生クリーム入り】 ✕ 食パン

卵に生クリームを加えると、プレーンなオムレツがとろーりリッチな味わいに変身します。オムレツの繊細な味わいを生かすため、生クリームと相性のよいサワークリーム入りのマヨネーズで味を添え、パンは焼かずに合わせましょう。
オムレツとパンだけのシンプルな構成ですが、オムレツの特徴が生きるパンの使い方、ソースの合わせ方で仕上がりが大きく変わります。

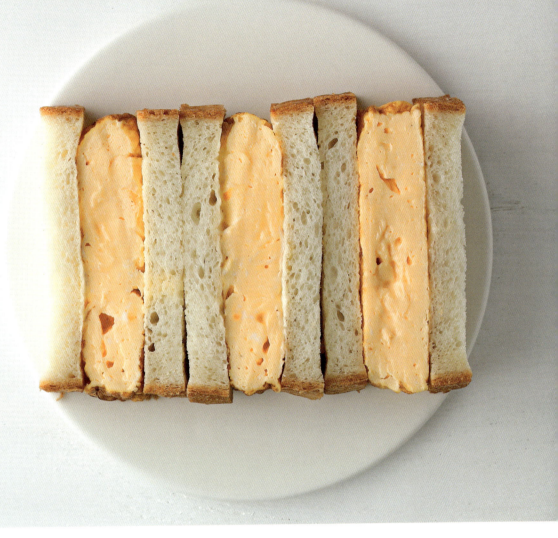

材料(1組分)
角食パン(8枚切り)……2枚
無塩バター……8g
サワークリーム……5g
マヨネーズ……5g
オムレツ(生クリーム入り)
(p.22〜23参照)……1枚

作り方
角食パンは片面に無塩バターを半量ずつ塗る。サワークリームとマヨネーズを混ぜ合わせ、無塩バターの上に半量ずつ塗り重ねる。オムレツをはさんで上下の耳を切り落としてから、3等分に切る。

パンは焼かずにソフトな食感を生かすことで、繊細な仕上がりに。生クリーム入りのなめらかなオムレツは、サワークリームを合わせることで乳製品ならではのリッチな風味が引き立ちます。

パンを焼かない場合でも、耳は上下を切り落とし、側面だけ残しましょう。側面の耳を残すことで、サンドイッチの骨格がしっかりして安定するのは盛りつけ時のメリットです。焼かずに耳を残す場合は、よりパンの鮮度が重要です。パンが乾燥している場合は、耳は全て切り落としましょう。

02 パンに卵を【はさむ】

オムレツ ✕ 食パン + 食材アレンジ！

ベーコンとほうれん草のオムレツサンド

ベーコンとほうれん草、定番具材を焼き込んだオムレツは、全粒粉食パンに合わせてヘルシーな味わいにまとめます。全粒粉食パンは、軽くトーストすることで香ばしさが際立ちます。かたくなりやすい耳はあらかじめ切り落としておくのがよいでしょう。オーロラソースとの相性がよく、朝食におすすめの組み合わせです。

材料（1組分）

全粒粉食パン（6枚切り）……2枚
無塩バター……6g
オーロラソース（p.35参照）……10g
ベーコンとほうれん草のオムレツ※……1枚

※ベーコンとほうれん草のオムレツ
卵3個をボウルに割りほぐし、1cm幅に刻んだほうれん草（塩水でゆでて水気をしぼる）30g、拍子木切りしたベーコン（フライパンで焼く）25gを加え、塩、白こしょうをふる。玉子焼き器を熱し、無塩バター8gを溶かし、卵液を全量流し入れる。ヘラで大きくゆっくりと縁から中心に向けて動かし、全体に火を通す。全体が半熟状に固まってきたら、ターナーで一気に裏返して両面を焼き固める（p.20〜21参照）。

作り方

1. 全粒粉食パンは耳を切り落として軽くトーストする。片面に無塩バターを半量ずつ塗り、さらにオーロラソースを半量ずつ塗り重ねる。
2. 1にベーコンとほうれん草のオムレツをはさみ、半分に切る。

ポパイ気分！

カプレーゼ風オムレツサンド

トマトとモッツァレラチーズとバジル。カプレーゼの食材をそのまま焼き込んだオムレツは、バターではなくオリーブ油を使うのがポイントです。素材の風味が引き立ち、イタリアンな味わいに仕上がります。具沢山のオムレツの一つ一つの素材が味わえるよう、パンは薄めで、オムレツが引き立つバランスに組み立てます。カットサイズも小さめに、食べやすさも意識しましょう。おつまみにもなる味わいです。

材料(1組分)

角食パン(8枚切り) …… 2枚
オーロラソース(p.35参照) …… 12g
カプレーゼ風オムレツ※ …… 1枚

※カプレーゼ風オムレツ
卵3個をボウルに割りほぐし、トマト(15mmの角切り)40g、モッツァレラチーズ(10mmの角切り)25g、バジル(粗みじん切り)3枚を加え、塩、白こしょうをふる。玉子焼き器にE.V.オリーブ油大さじ1をなじませて熱し、卵液を全量流し入れる。ヘラで大きくゆっくりと縁から中心に向けて動かし、全体に火を通す。全体が半熟状に固まってきたら、ターナーで一気に裏返して両面を焼き固める(p.20〜21参照)。

作り方

1. 角食パンは耳を切り落とし、片面にオーロラソースを半量ずつ塗る。
2. 1にカプレーゼ風オムレツをはさみ、対角線上に2方向に包丁を入れて4等分に切る。

イタリアン！

02 パンに卵を【はさむ】

オムレツ ✕ 食パン + 食材アレンジ！

トリュフ風味のきのこオムレツサンド

トリュフと卵はシンプルかつ最高の組み合わせ。いつもの卵料理がワインに合うグルメな一皿に変わります。フレッシュトリュフを贅沢に使いたいところですが、ここでは手に入りやすいトリュフ塩で香りだけ添えました。味覚における"香り"の重要性を実感できる組み合わせです。

材料(1組分)
角食パン(6枚切り) …… 2枚
無塩バター …… 10g
トリュフ風味のきのこオムレツ※ …… 1枚
トリュフ塩 …… 少々

※トリュフ風味のきのこオムレツ
卵3個をボウルに割りほぐし、生クリーム(乳脂肪分38％前後)大さじ2、トリュフ塩(トリュフオイルと塩でも可)、白こしょうをよく混ぜ合わせてからマッシュルーム(スライスしてバターソテー)35gを混ぜ合わせる。玉子焼き器を熱して無塩バター8gを溶かし、卵液を全量流し入れる。ヘラで大きくゆっくりと縁から中心に向けて動かし、全体に火を通す。半熟状に固まってきたらターナーで一気に裏返して両面を焼き固める(p.22〜23参照)。

作り方
1. 角食パンは片面に無塩バターを半量ずつ塗る。
2. 1にトリュフ風味のきのこオムレツをはさみ、上下の耳を切り落としてから3等分に切る。仕上げにトリュフ塩をふる。

トリュフが香る！

サーモンオムレツサンド

スモークサーモンもおいしいオムレツに欠かせない食材の一つです。生クリーム入りのとろりとした卵液に、さらに酸味のあるサワークリームを加えてさわやかに。スモークサーモンの香りを上品に引き立てます。全粒粉食パンには、ハーブがたっぷり入ったサワーマヨソースを塗ることで、オムレツの香りと自然につながります。週末のブランチにおすすめの、ちょっとリッチな味わいです。

材料(1組分)

全粒粉食パン(8枚切り) …… 2枚
サワーマヨソース(p.35参照) …… 12g
サーモンオムレツ※ …… 1枚

※サーモンオムレツ
卵3個をボウルに割りほぐし、生クリーム(乳脂肪分38%前後)大さじ2、サワークリーム10g、塩、白こしょうをよく混ぜ合わせてから、スモークサーモン(15mm角に切る)35gを混ぜ合わせる。玉子焼き器を熱して無塩バター8gを溶かし、卵液を全量流し入れる。ヘラで大きくゆっくりと縁から中心に向けて動かし、全体に火を通す。半熟状に固まってきたら、ターナーで一気に裏返して両面を焼き固める(p.22〜23参照)。

作り方

1. 全粒粉食パンは耳を切り落とし、片面にサワーマヨソースを半量ずつ塗る。
2. 1にサーモンオムレツをはさみ、対角線上に2方向に包丁を入れて4等分に切る。

ハーブが香る！

02 パンに卵を【はさむ】

スクランブルエッグ【湯煎タイプ】 ✕ 食パン

とろとろのスクランブルエッグは"はさむ"サンドイッチには向きませんが、ポケットサンドにすると食パンとのシンプルなおいしさを楽しめます。なめらかな舌触りとのバランスを重視して、しっとりやわらかなパンに合わせましょう。基本の卵サンドの中では、最も口溶けがよく繊細な仕上がりです。卵をゆでるか、焼くか、湯煎で仕上げるのか。卵とパンのシンプルな組み合わせを比べると、調理法や組み合わせによる味わいや印象の違いに驚かされます。

材料(1組分)
角食パン(4枚切り) …… 1枚
スクランブルエッグ【湯煎タイプ】
(p.26〜27参照) …… 60g
マヨネーズ …… 8g

作り方
1. 角食パンは耳を切り落として半分に切る。断面に切り込みを入れて袋状にする。
2. スクランブルエッグとマヨネーズを混ぜ合わせてから絞り袋に入れ、切り込みの内側に半量ずつ絞り入れる。

厚めの食パンを半分に切り、断面を上にしてから包丁で切り込みを入れます。ギリギリまで切ると、具を入れたときに開きすぎてしまいます。完成形より5mm程度内側で止めておくのがポイントです。耳付きだと失敗しにくいので、パンの乾燥が気になる場合は、耳付きのままで切り込みを入れてみてください。

湯煎で作るとろとろのスクランブルエッグにマヨネーズを合わせて、なめらかに仕上げます。ここではシンプルな味つけにしていますが、サワークリームやハーブを加えてさわやかに仕上げたり、トリュフオイルやトリュフ塩でシンプルに香りづけしても。細かく刻んだスモークサーモンやベーコンを混ぜてボリューム感を出すのもおすすめです。

目玉焼き【ターンオーバー】 ✕ 食パン

目玉焼きは、パンにはさむより、のせたり添えたりすることが多いのではないでしょうか。はさむのであれば、ターンオーバーで。両面を焼き固めるとはさみやすく切りやすくなります。卵の黄身を中央にして焼くのもポイントです。半分もしくは4等分に切ったとき、真ん中に黄身があると仕上がりがきれいです。黄身の半熟度はお好みで調整してください。薄い目玉焼きには薄いパンでバランスも合わせましょう。軽くトーストすると、香ばしさが相乗します。しょうゆマヨネーズとの組み合わせもなかなかです。

材料(1組分)
角食パン(12枚切り) …… 2枚
しょうゆマヨソース
(p.34参照) …… 10g
目玉焼き【ターンオーバー】
(p.28～29参照) …… 1枚

作り方
角食パンはトーストし、片面にしょうゆマヨソースを半量ずつ塗る。目玉焼きをはさみ、耳を切り落としてから対角線上に2方向に包丁を入れて4等分に切る。

食パンは軽く焼き色がつく程度にトーストします。水分が飛びすぎると切りにくいので、気持ち早めに上げましょう。パンに塗るのはしょうゆマヨソース。しょうゆの香りと卵とパンの香ばしさがマッチして、薄いパンとのバランスも絶妙です。

02 パンに卵を【はさむ】

スクランブルエッグ【フライパンタイプ】 ✕ 食パン + 食材アレンジ！

しらすとねぎのスクランブルエッグサンド

フライパンタイプのスクランブルエッグは、思い立ったらすぐに作れるのが魅力です。基本レシピのバターを、食材に合わせた油に替えると、香りがガラッと変わります。
しらすとねぎは、ごま油で香りを添えて和風仕立てに。とろりと半熟に仕上げるのがおすすめです。
きれいにカットはできませんが、手作りならではのおいしさを楽しみたいサンドイッチです。

材料(1組分)

- 角食パン(8枚切り) …… 2枚
- しょうゆマヨソース(p.34参照) …… 10g
- 卵 …… 2個
- 牛乳 …… 大さじ1
- しらす …… 25g
- 万能ねぎ(小口切り) …… 10g
- ごま油 …… 小さじ2
- 塩 …… 少々
- 白こしょう …… 少々

作り方

1. 角食パンは軽くトーストし、片面にしょうゆマヨソースを半量ずつ塗る。
2. しらすと万能ねぎのスクランブルエッグを作る。卵をボウルに割りほぐし、牛乳、しらす、万能ねぎを加えて、塩、白こしょうで味をととのえる。フライパンにごま油を熱して卵液を加え、ヘラで大きく混ぜるようにふんわり炒め、角食パンにはさみやすい形に整える。
3. スクランブルエッグが半熟状に固まったら、すぐに1にはさむ。上下の耳を切り落とし、3等分に切る。

ごま油が隠し味

目玉焼き【ターンオーバー】 ✕ 食パン ＋ 食材アレンジ！

ベーコンエッグとキャベツの全粒粉サンド

目玉焼きとベーコン。朝の基本の組み合わせにキャベツを添え、全粒粉食パンでヘルシーに仕上げました。味つけはしょうゆマヨソースでシンプルに。キャベツに合わせた大葉の香りも効いています。耳は残したままカットして、香ばしさも堪能します。
何の変哲もない組み合わせだからこその、食べ飽きないおいしさがあります。

材料（1組分）
- 全粒粉食パン（8枚切り）…… 2枚
- しょうゆマヨソース（p.34参照）…… 15g
- 目玉焼き（ターンオーバー）
 （p.28〜29参照）…… 1枚
- ベーコン …… 2枚
- キャベツ（せん切り）…… 20g
- 大葉（せん切り）…… 1/2枚

作り方
1. 全粒粉食パンは軽くトーストし、片面にしょうゆマヨソースを5gずつ塗る。
2. ベーコンはフライパンで両面に焼き色がつく程度に焼く。
3. キャベツと大葉を合わせておく。
4. 1に2をのせ、しょうゆマヨソース2gを細く絞って目玉焼きをのせる。目玉焼きの上にしょうゆマヨソース3gを細く絞り、3をのせる。もう1枚の全粒粉食パンではさみ、対角線上に2方向に包丁を入れて4等分に切る。

ほんのり和風味

03

パンに卵を
のせる
つける

03 パンに卵を【のせる】
スクランブルエッグ【フライパンタイプ】✕ 食パン

フライパンで作るふんわりタイプのスクランブルエッグは、出来たてのおいしさが命です。パンをトーストしている間にさっと焼き上げ、のせたらすぐにいただきましょう。パン、卵、バターそして塩、白こしょうだけの素朴な味わいだからこそ、スクランブルエッグの焼き加減と塩加減が仕上がりを左右します。

材料（1枚分）

- 角食パン（5枚切り） …… 1枚
- 無塩バター（トースト用） …… 8g
- 卵 …… 2個
- 無塩バター（スクランブルエッグ用） …… 10g
- 生クリーム（乳脂肪分38%前後） …… 20㎖
- 塩 …… 少々
- 白こしょう …… 少々

作り方

1. 角食パンをトーストし、上面に無塩バターを塗る。
2. ボウルに卵を割り入れ、生クリームを加え、塩、白こしょうをふってよくほぐし混ぜる。
3. フライパンに無塩バターを入れて中火にかける。バターが溶けたら2を流し入れる。中火のまま卵がふんわりとしてきたら、外側からヘラで大きくゆっくりと混ぜるようにかき混ぜる。全体がふんわりと焼き固まり、上面は少しとろりとした状態が残る状態で火を止める（p.24～25参照）。
4. 1に3をのせ、仕上げに塩、白こしょうをふる。

目玉焼き✕食パン

高温でさっと片面焼きした目玉焼きをバタートーストにのせるだけ。白身の縁がカリッと香ばしく、トーストの香りと相乗します。同じ材料を同じフライパンで調理しても、白身と黄身をそれぞれ別に味わえる目玉焼きと、混ぜ合わさったスクランブルエッグでは、全く別物になります。あえてシンプルな組み合わせで比較してみるからこそさまざまな発見があり、新しいメニュー作りの第一歩になります。

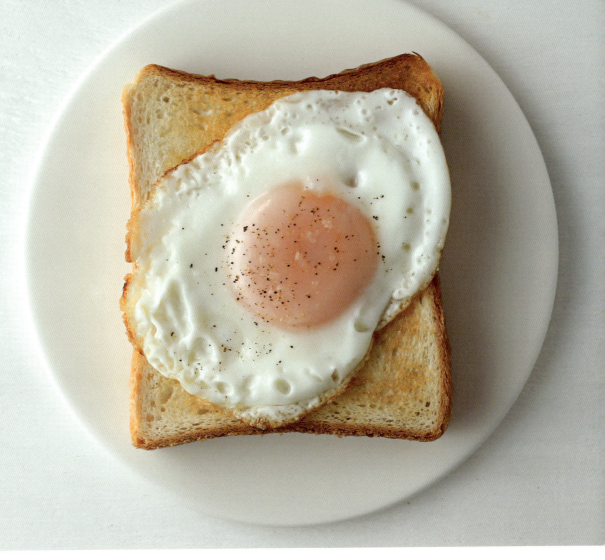

材料(1枚分)

角食パン(8枚切り) …… 1枚
無塩バター …… 8g
卵 …… 1個
サラダ油 …… 適量
塩 …… 少々
黒こしょう …… 少々

作り方

1. 角食パンはトーストし、上面に無塩バターを塗る。
2. 目玉焼きを作る(サニーサイドアップ/p.28参照)。
3. 1に2をのせ、塩、黒こしょうをふる。

03 パンに卵を【のせる】

スクランブルエッグ【フライパンタイプ】 × 食パン + 食材アレンジ！

そら豆とペコリーノのスクランブルエッグトースト

そら豆と羊乳チーズのペコリーノの組み合わせは、イタリアの春の風物詩です。ほっくりとしたそら豆の甘みと香りはオリーブ油で作るスクランブルエッグとやさしくなじみます。ペコリーノの塩気と羊乳特有の旨みでシンプルながらも味わい深く、黒こしょうのアクセントも効果的です。

材料(1枚分)

角食パン(6枚切り) …… 1枚
E.V.オリーブ油(トースト用) …… 大さじ1/2
卵 …… 2個
そら豆(正味) …… 50g
ペコリーノ・ロマーノ※ …… 5g
E.V.オリーブ油(スクランブルエッグ用)
…… 大さじ1
塩 …… 少々
白こしょう …… 少々
黒こしょう …… 少々

作り方

1. 角食パンの上面にE.V.オリーブ油を塗り、トーストする。
2. そら豆はさやから出して塩ゆでし、薄皮をむく。
3. ボウルに卵を割り入れ、塩、白こしょうをふってよくほぐし混ぜる。
4. フライパンにE.V.オリーブ油を入れて中火にかける。フライパンが熱されたら3を流し入れる。中火のまま卵がふんわりとしてきたら2も加え、外側からヘラで大きくゆっくりと混ぜるようにかき混ぜる。全体がふんわりと焼き固まり、上面は少しとろりとした状態で火を止める(p.24〜25参照)。
5. 1に4をのせ、ピーラーで薄くそいだペコリーノ・ロマーノをのせる。仕上げに粗く砕いた黒こしょうをふる。

※ペコリーノ・ロマーノ(Pecorino Romano)
羊乳から作られるイタリアの伝統的なチーズで、命名はローマ近郊で作られたことに由来します。羊乳特有の甘みと旨みをしっかりした塩味が引き立て、パスタや料理の調味料としても使われます。ピーラーで薄くそいだり、すりおろして使うのがおすすめです。手に入りにくい場合は、パルメザンチーズでも代用できます。

目玉焼き【ソフトタイプ】✕ 食パン ＋ 食材アレンジ！

クロック・マダム

フランスのカフェの定番サンドイッチ、クロック・ムッシュ（Croque-monsieur）に目玉焼きを
のせたものが、クロック・マダム（Croque-madame）。
半熟に仕上げて、とろりとした黄身をソースにしていただくのがおいしさの秘訣です。

材料(1組分)

- 角食パン(8枚切り) …… 2枚
- 無塩バター …… 6g
- ももハム …… 20g
- グリュイエールチーズ
  （シュレッドチーズでも可）…… 28g
- ベシャメルソース※ …… 25g
- 半熟目玉焼き(p.29参照) …… 1枚
- 塩 …… 少々
- 黒こしょう …… 少々

作り方

1. グリュイエールチーズは薄くスライスし、1/3はそのままで、残りはさらに細かく刻む。チーズおろし器があれば、荒目で削ってもよい。
2. 角食パンの片面に無塩バターを塗り、ももハムとスライスしたグリュイエールチーズをのせる。
3. 2の上面にベシャメルソースを塗り、細かく刻んだグリュイエールチーズをのせる。予熱したオーブントースターでチーズが溶けて軽く焼き色がつくまでトーストする。
4. 3に半熟目玉焼きをのせ、塩と粗くひいた黒こしょうをふる。

※ベシャメルソース(作りやすい分量)
無塩バター30gを鍋に溶かし、ふるった薄力粉30gを加えて炒める。色づかないように注意して、コシが切れてさらりとなるまでしっかりと炒める。温めた牛乳400mlを加えて弱火にかけ、泡立て器で混ぜながらなめらかにのばす。塩、白こしょう、ナツメグ少々を加えて味をととのえる。

＊本来のクロック・ムッシュはハムとチーズのシンプルなホットサンド。ベシャメルソースは必須でなく、しっかり焼いて食感を楽しみます。クロック・マダムにする場合は、ベシャメルソース入りのグラタン仕立てがおすすめです。とろりとした黄身とベシャメルソースのまろやかな調和が楽しめます。

03 パンに卵を【のせる】

目玉焼き【トーストタイプ】✕ 食パン

食パンに卵をそのままのせて焼く目玉焼きトーストは、パンと卵が一体化することで完成された味わいがあります。
食材で土手を作るか、パンをくり抜いてくぼみを作り、卵が流れないようにします。
土手を作るにはマヨネーズを使うのが一番手軽な方法です。軽く焼き固まったマヨネーズは、生食とは違うコクが感じられます。お好みのスパイスや調味料を足して、アレンジも楽しめます。

材料(1枚分)
角食パン(5枚切り) …… 1枚
卵 …… 1個
マヨネーズ …… 20g
塩 …… 少々
白こしょう …… 少々

作り方

1. 角食パンをアルミ箔にのせる。耳の内側に、マヨネーズを絞って土手を作る。マヨネーズは3重くらい絞り、高さを出すと卵が流れにくい。

2. 小さいボウルに卵を割り入れ、1の中央部にのせる。黄身が中央に来るようにする。

＊冷蔵庫から出したての卵は、温度が低く焼き時間がかかる。常温に戻しておくと短時間で火が通りやすくなるので、パンの焼き過ぎが防げる。

3. オーブントースターは予熱し、2をアルミ箔ごと入れる。

＊オーブントースターを開ける際に温度が下がるので、高めの温度に予熱するのがよい。

4. オーブントースターに入れたら、すぐに庫内に霧吹きして閉じる。白身が固まるまで8〜10分程度焼く。霧吹きすることで、パンがかたくなり過ぎず、蒸気が入ることで卵も固まりやすくなる。焼き色がつきすぎる場合は、アルミ箔がマヨネーズにつかないように、周囲にふんわりとかぶせるように曲げる。または、オーブントースターの火を止めて、余熱で仕上げるようにする。お好みで、塩、白こしょうをかけていただく。

03 パンに卵を【のせる】

目玉焼き【トーストタイプ】 ✕ 食パン ＋ 食材アレンジ！

長ねぎと目玉焼きの和風トースト

ごま油で炒めた長ねぎが香ばしく、卵としょうゆマヨソースによく合います。しょうゆマヨソースのベースの上に長ねぎをのせて土手を作ります。アクセントに一味唐辛子をひとふりして。味噌汁と合わせて、朝食におすすめです。

材料（1枚分）

角食パン（5枚切り） …… 1枚
しょうゆマヨソース（p.34参照） …… 15g
長ねぎ …… 20g
ごま油 …… 小さじ2
卵 …… 1個
塩 … 少々
白こしょう …… 少々
一味唐辛子 …… 少々

作り方

1. 長ねぎは斜め切りにし、ごま油を熱したフライパンで炒める。塩、白こしょうで味をととのえる。
2. アルミ箔の上に角食パンをのせ、耳の内側にしょうゆマヨソースを絞り、その上に1をのせて土手を作る。
3. 小さなボウルに卵を割り入れ、2の中央部にのせる。
4. 予熱したオーブントースターに3をアルミ箔ごと入れ、で卵の白身が固まるまで焼く（p.89参照）。
5. 仕上げに一味唐辛子をふる。

目玉焼き【トーストタイプ】 × 食パン + 食材アレンジ！

カルボナーラ風目玉焼きトースト

パスタで人気のカルボナーラをトーストメニューにアレンジしました。
黒こしょうはたっぷりかけて、とろーり半熟の黄身をつぶしながらいただくのが美味。
カリッと焼いたベーコンの香ばしさがチーズの風味を引き立てます。

材料(1組分)

角食パン(5枚切り) …… 1枚
マヨネーズ …… 10g
ベーコン(短冊切り) …… 25g
シュレッドチーズ …… 20g
パルメザンチーズ(パウダー) … 5g
卵 …… 1個
E.V.オリーブ油 …… 小さじ2
黒こしょう …… 少々

作り方

1. ベーコンは軽く焼き色がつくまでフライパンで炒める。ペーパータオルで押さえて余分な脂を取る。
2. 角食パンの上にE.V.オリーブ油を塗る。耳の内側にマヨネーズを絞り、シュレッドチーズをのせて土手を作る。
3. 小さなボウルに卵を割り入れ、2の中央部にのせる。卵とチーズの間に1をのせ、さらにパルメザンチーズをのせる。
4. 予熱したオーブントースターに3をアルミ箔ごと入れて卵の白身が固まるまで焼く(p.89参照)。
5. 仕上げに粗くひいた黒こしょうをふる。

03 パンに卵を【のせる】

ポーチドエッグ ✕ 食パン

日本の家庭料理には登場する機会の少ないポーチドエッグですが、作り慣れるとゆで卵や温泉卵より短時間で作れて半熟度の調整も簡単です。はさむタイプのサンドイッチには向きませんが、オープンサンドやパンに合う料理のトッピング素材として幅広く活用できます。
オランデーズソースと合わせて小ぶりの食パンにのせて、まずはそのままの味わいを楽しみましょう。

材料(1組分)

ワンローフ食パン(15mmスライス) …… 1枚
ポーチドエッグ(p.30〜31参照) …… 1個
オランデーズソース(p.33参照) …… 適量

作り方

1. ワンローフ食パンはトーストする。
2. 1にポーチドエッグをのせ、オランデーズソースをかける。

ポーチドエッグ × 食パン + 食材アレンジ！

シーザーサラダ風トースト

角食パンの耳を器に見立て、くり抜いた中身はクルトンにして、アメリカの定番サラダ、シーザーサラダ風にアレンジしました。ロメインレタスとトーストのシンプルな組み合わせが、ポーチドエッグをのせるだけでごちそう風に仕上がります。カリッと焼き上げた耳も手でちぎりながら、サラダと一緒にいただきましょう。

材料(1組分)

角食パン(5枚切り) …… 1枚
ポーチドエッグ(p.30〜31参照) …… 1個
ロメインレタス …… 2〜3枚
シーザーサラダドレッシング※ …… 適量
パルメザンチーズ(すりおろす) …… 適量
E.V.オリーブ油 …… 適量
黒こしょう …… 少々

※シーザーサラダドレッシング
マヨネーズ50g、プレーンヨーグルト50g、E.V.オリーブ油大さじ2、レモン果汁小さじ2、パルメザンチーズ(すりおろす)10g、アンチョビ(細かく刻む)10g、にんにく(すりおろす)1/2片、塩小さじ1/4、黒こしょう(粗びき)小さじ1/4を混ぜ合わせる。

作り方

1. 角食パンは、耳の7mm内側にナイフを入れてくり抜く(p.127参照)。角食パン全体に刷毛でE.V.オリーブ油を塗る。くり抜いた中身は角切りにし、パルメザンチーズをまぶす。
2. 1を予熱したオーブントースターで焼く。全体に焼き色がついたら取り出す。
3. ロメインレタスはひと口大に切る。
4. 器に角食パンの耳を置き、その中に3と角切りにした角食パンの中身を盛りつける。ポーチドエッグをのせ、シーザーサラダドレッシングをかける。粗くひいた黒こしょうとパルメザンチーズをふる。

03 パンに卵を【のせる】

ポーチドエッグ ✕ 食パン + 食材アレンジ！

ポーチドエッグ&グリーンアスパラガストースト

アスパラガスとポーチドエッグは相性がよく、グリーンアスパラガスもホワイトアスパラガスも料理では定番の組み合わせです。手に入りやすいグリーンアスパラガスなら、トーストメニューにも気軽に使えます。ハーブがたっぷり入ったサワーマヨソースにヨーグルトを合わせたさわやかなソースが、アスパラガスの香りを引き立てます。

材料(1組分)

角食パン(6枚切り) …… 1枚
無塩バター …… 8g
ポーチドエッグ(p.30~31参照) …… 1個
グリーンアスパラガス …… 2本
サワーマヨドレッシング※ …… 適量
E.V.オリーブ油 …… 適量
塩 …… 少々
白こしょう …… 少々

※サワーマヨドレッシング
サワーマヨソース(p.35参照)とプレーンヨーグルトを同量合わせ、塩、白こしょうで味をととのえる。

作り方

1. グリーンアスパラガスは根元を1cmほど切り、根元側のかたい皮をピーラーでむき、斜め切りにする。
2. フライパンにE.V.オリーブ油を熱し、1を炒め、塩、白こしょうで味をととのえる。
3. 角食パンはトーストして無塩バターを塗る。
4. 3に2とポーチドエッグをのせ、サワーマヨドレッシングをかける。

ポーチドエッグ ✕ イングリッシュ・マフィン

パンを替えて！

エッグ・ベネディクト

エッグ・ベネディクト（Eggs benedict）は、ポーチドエッグを使った最も有名なパン料理です。イングリッシュ・マフィンにカナディアンベーコン、オランデーズソースが基本の組み合わせ。発祥には諸説ありますが、多国籍な組み合わせがニューヨーク生まれの象徴と言えます。副素材にはさまざまなバリエーションがあり、朝食やブランチに親しまれています。

材料（1皿分）

イングリッシュ・マフィン …… 1個（60g）
無塩バター …… 6g
ベーコン …… 2枚
ポーチドエッグ（p.30～31参照） …… 2個
オランデーズソース（p.33参照） …… 適量
カイエンヌペッパー …… 少々

作り方

1. イングリッシュ・マフィンは横からフォークを刺して切り込みを入れ、上下に半分に割る。
2. ベーコンを2～3等分に切り、フライパンで焼く。
3. 1をトーストし、カット面にバターを塗る。
4. 3に2をのせ、さらにポーチドエッグをのせてオランデーズソースをかける。仕上げにカイエンヌペッパーをふる。お好みでサラダ（分量外）を添える。

日本では「エッグ・ベネディクト」の名称で親しまれていますが、英語名は複数形の"Eggs benedict"。イングリッシュマフィンを二つに割って使うため、一皿に2個が基本です。

03 パンに卵を【つける】

ゆで卵【半生】✕ 食パン

卵かけご飯ならぬ、卵つけパンはフランスの朝食の定番です。細切りトーストのムイエット（Mouillette）と、とろとろの殻付き卵、ウフ・ア・ラ・コック（Œuf à la coque）の組み合わせは最もシンプルかつ究極のパンの食べ方かもしれません。塩とこしょうで味つけしただけの卵は、パンに合わせると最高のソースになります。

材料（1皿分）
半生ゆで卵（p.10～11参照）……1個
角食パン（8枚切り）……1枚
塩……少々
黒こしょう……少々

作り方
1. 角食パンは耳を切り落とし、縦5等分に切る。軽く焼き色がつく程度にトーストする(写真①)。
2. 半生ゆで卵はエッグハンマー(p.43参照)を使って殻の上部にヒビを入れ(写真②)、ペティナイフを使ってカットする(写真③)。
3. エッグスタンドに2をのせ、1と一緒に器に盛りつける。お好みで塩、粗びきの黒こしょうで味をととのえ、角食パンにつけながらいただく。

スクランブルエッグ【湯煎タイプ】✕ 食パン

湯煎で作るとろとろのスクランブルエッグは、卵の殻に詰めると繊細な前菜料理として楽しむことができます。いくらやキャビア、トリュフなどと組み合わせるとシャンパンに合う、大人の味に仕上がります。朝食用にはシンプルに細切りトーストのムイエットを添えるだけでも贅沢な一品に。ウフ・ア・ラコックそっくりの盛りつけですが、味わいは別物。卵の調理法の奥深さを実感できます。

材料（1皿分）

スクランブルエッグ
（湯煎タイプ／p.26〜27参照）……卵1個分
角食パン（8枚切り）……1枚

作り方

1. 角食パンは耳を切り落とし、縦5等分に切る。軽く焼き色がつく程度にトーストする（p.96写真①）。
2. エッグハンマー（p.43参照）を使って殻の上部にヒビを入れ、ペティナイフを使って殻の上部を切る（p.96写真②③）。卵の中身を取り出し、殻はきれいに洗って水気を取り、乾燥させておく。取り出した中身でスクランブルエッグを作る。
3. エッグスタンドに2の殻をのせ、スクランブルエッグを詰め、1と一緒に器に盛りつける。スクランブルエッグを角食パンにつけながらいただく。

04
パンを卵に
ひたす

04 パンを卵に【ひたす】

パン・ペルデュ ✕ 食パン

パンに卵と牛乳のアパレイユをひたして焼き上げたフレンチトースト（French toast）は、朝食で人気の定番メニューです。フランス語ではパン・ペルデュ（Pain perdu）と言い、直訳すると「失われたパン」の意味。古くてかたくなったパンを無駄にしないための生活の知恵から生まれました。

卵と牛乳のアパレイユをパンにしみ込ませてフライパンで焼くのが基本ですが、アパレイユをしみ込ませるには時間がかかり、生焼けになってしまうことも。そこでおすすめは、牛乳と卵を分ける作り方です。牛乳のアパレイユは、あっという間にパンにしみ込みます。次に卵のアパレイユを表面にからめてからフライパンへ。全体に焼き色がつけば完成です。この方法なら、短時間で作れて失敗がありません。家庭用にはもちろん、カフェメニューにもおすすめです。まずはメープルシロップをかけて、シンプルに味わってみてください。

材料（2枚分）

角食パン（5枚切り）……2枚
無塩バター……20g
メープルシロップ……適量
〈卵のアパレイユ 1単位分〉
卵……1個
塩……少々
グラニュー糖……10g
〈牛乳のアパレイユ 1単位分〉
牛乳……200㎖
グラニュー糖……20g
バニラビーンズ※……1/4本
※縦半分に切り、ペティナイフで種をこそげ出して使う。

作り方

1　卵のアパレイユを作る。卵をボウルに割り入れてカラザを取る。

4　牛乳のアパレイユを作る。牛乳、グラニュー糖20g、バニラビーンズをさやごと小鍋に入れる。沸騰直前まで温めてグラニュー糖を溶かす。

8　卵のアパレイユは、角食パンの表面全体にからめるようにする。

2　塩ひとつまみを加えてよく溶きほぐす。塩を加えることで、卵がほぐれやすくなり、甘みとのバランスもよくなる。

5　目の細かいザル（もしくはシノワ）で4をバットに漉し入れる。

9　フライパンに無塩バターの半量を溶かし、8を中火で焼く。

3　グラニュー糖10gを加えてよく混ぜる。

6　角食パンを5にひたす。耳までしっかりと牛乳のアパレイユをしみ込ませる。

10　焼き色がついたら裏返す。残りの無塩バターを加えて、バターが焦げないように火加減に注意して香りよく焼き上げる。

7　6を3の卵のアパレイユにくぐらせる。

11　両面に焼き色がついたら、側面を立てて、耳にも焼き色をつける。器に盛り、お好みでメープルシロップをかける。

04 パンを卵に【ひたす】

パン・ペルデュ ✕ 食パン + 食材アレンジ！

レーズン食パンのパン・ペルデュ 生クリーム&カスタード添え

基本のパン・ペルデュの食パンをレーズン入りの食パンに替え、牛乳のアパレイユにラム酒を加えました。レーズンの甘酸っぱさがラム酒の香りとマッチして、甘すぎない大人味に仕上がります。生クリーム&カスタードとの組み合わせもなかなかです。

材料(1枚分)

レーズン食パン
(ワンローフ／20mmスライス) …… 1枚
無塩バター …… 10g
基本のパン・ペルデュのアパレイユ
(p.101参照) …… 1/2単位
ラム酒 …… 小さじ1
生クリーム&カスタード
(p.36～38参照) …… 適量
メープルシロップ …… 適量

作り方

1. 基本のパン・ペルデュのアパレイユを作る(p.101参照)。牛乳のアパレイユにラム酒を加える。
2. レーズン食パンに牛乳のアパレイユをしみ込ませてから、卵のアパレイユにくぐらせる。
3. フライパンに無塩バターの半量を溶かし、2を中火で焼く。
4. 焼き色がついたら裏返す。残りの無塩バターを加えて、バターが焦げないように火加減に注意して香りよく焼き上げる。
5. 両面に焼き色がついたら、側面を立てるようにして、耳にも焼き色をつける。
6. 器に盛り、生クリーム&カスタードをのせ、メープルシロップをかける。

ラム酒が香る
ほんのり大人味！

焼きバナナと塩キャラメルソースのパン・ペルデュ

バターとグラニュー糖で香りよく焼いたバナナはとろりとして、パン・ペルデュの食感によく合います。バニラアイスをのせて塩バターキャラメルソースをたっぷりかけると、贅沢なデザートに。熱々のバナナとパンに冷たいバニラアイスの温度差と、塩バターキャラメルとの甘じょっぱいコントラストが印象的です。

材料(1枚分)

- 角食パン(5枚切り) …… 1枚
- 無塩バター …… 10g
- 基本のパン・ペルデュのアパレイユ(p.101参照) …… 1/2単位
- バナナ …… 1本
- グラニュー糖 …… 大さじ1
- バニラアイスクリーム …… 適量
- 塩バターキャラメルソース※ …… 適量
- くるみ(ロースト) …… 適量

作り方

1. 基本のパン・ペルデュを焼く(p.101参照)。
2. バナナは縦半分に切る。グラニュー糖をフライパンに入れる。バナナはカット面を下にしてグラニュー糖の上にのせる。中火にかけ、グラニュー糖が溶けて茶色く色づくまで焼く。焼き色がついたら裏返し、反対側も軽く焼く。
3. 器に1と2をのせ、バナナの上にバニラアイスクリームをのせる。塩バターキャラメルソースをかけて、粗く刻んだくるみをのせる。

※塩バターキャラメルソース(作りやすい量)
鍋にグラニュー糖200gと水大さじ2を入れて中火にかける。溶けてきたら鍋をゆすりながら、色づくまでゆっくりと加熱する。茶色く色づき、焦げた香りが立ってきたら火を止め、生クリーム100mlを加える。塩ひとつまみと有塩バター(あればフランス産発酵バター)30gを加えて溶かし混ぜる。

味わいのコントラストを堪能！

04 パンを卵に【ひたす】

パン・ペルデュ ✕ バタール

パンを替えて！

バタールのパン・ペルデュ

パン・ペルデュの仕上がりは、パンそのものの食感とアパレイユのしみ込む量のバランスで決まります。焼きたてのパンは水分が多いので、食感が重くなりがちです。食パンのとろりとしたパン・ペルデュが頼りなく感じる方には、フランスパンがおすすめです。かたくなったバタールなら、程よい弾力とタフな食感が楽しめます。

材料(2枚分)

バタール(30mm斜めスライス) …… 2枚
無塩バター …… 12g
基本のパン・ペルデュのアパレイユ
(p.101参照) …… 1単位
メープルシロップ …… 適量

作り方

1. 基本のパン・ペルデュのアパレイユを作る(p.101参照)。
2. バタールに牛乳のアパレイユをしみ込ませてから、卵のアパレイユにくぐらせる。
3. フライパンに無塩バターの半量を溶かし、2を中火で焼く。
4. 焼き色がついたら裏返す。残りの無塩バターを加えて、バターが焦げないように火加減に注意して香りよく焼き上げる。
5. 両面に焼き色がついたら、側面を立てるようにして、クラスト(皮)も焼き色をつける。
6. 器に盛り、メープルシロップをかける。

骨格しっかり！

パン・ペルデュ ✕ ブリオッシュ・ド・ナンテール　　パンを替えて！

ブリオッシュのパン・ペルデュ

卵と牛乳を分けたアパレイユに一番合うパンはブリオッシュです。バゲットやバタールを使うのは家庭的な作り方。フランスのカフェでは、ブリオッシュで作るリッチなタイプが主流です。卵がたっぷり入ったブリオッシュだからこその、とろけるような食感です。

材料(1枚分)

ブリオッシュ・ナンテール
(30mmスライス) …… 1枚
無塩バター …… 10g
基本のパン・ペルデュのアパレイユ
(p.101参照) … 1/2単位
メープルシロップ …… 適量

作り方

1. 基本のパン・ペルデュのアパレイユを作る(p.101参照)。
2. ブリオッシュ・ナンテールに牛乳のアパレイユをしみ込ませてから、卵のアパレイユにくぐらせる。
3. フライパンに無塩バターの半量を溶かし、2を中火で焼く。
4. 焼き色がついたら裏返す。残りの無塩バターを加えて、バターが焦げないように火加減に注意して香りよく焼き上げる。
5. 両面に焼き色がついたら、側面を立てるようにして、耳にも焼き色をつける。
6. 器に盛り、メープルシロップをかける。

とろける食感！

04 パンを卵に【ひたす】

パン・ペルデュ【つけ込みタイプ】✕ 食パン

日本のホテルや専門店では、長時間つけ込んで作るパン・ペルデュが人気です。卵と牛乳を合わせたアパレイユは、しみ込むのに時間がかかります。丸一日待つとなると食べたい気持ちとタイミングが合いませんし、卵がしみ込んだパンは加熱が難しく、フライパン焼きでは生焼けの心配もあります。
時間を短縮させるにはポイントがあります。卵を漉してなめらかにしたアパレイユを使うこと、アパレイユが温かいうちにパンを合わせること、そして袋に入れて真空に近い状態でつけ込むこと。この3点を押さえれば、比較的短時間でしっかりとしみ込みます。焼き加減の調整はオーブンで。フライパンで焼き色をつけた後、オーブンで仕上げれば火加減の心配がありません。食パンとアパレイユが一体化したとろふわの仕上がりは、丁寧に作ってこそのおいしさです。別づけタイプのパン・ペルデュ(p.100〜101参照)との食感の違いを味わってみてください。

材料(2枚分)

角食パン(4枚切り) …… 2枚
無塩バター …… 12g
クレーム・シャンティイ※ …… 適量
〈アパレイユ〉
卵 …… 2個
牛乳 …… 160ml
グラニュー糖 …… 40g
バニラビーンズ(p.101参照)
　…… 1/4本

※生クリーム(乳脂肪分38%前後)に10%のグラニュー糖を加えて8分立てにする。

作り方

1 角食パンは耳を切り落とす。ここではかたい耳を取り除いて上品な仕上がりを目指す。

4 2に3を加えながら泡立て器で混ぜ合わせる。牛乳の温度が高いので、手早く混ぜ合わせる。

8 2時間からひと晩冷蔵庫に入れ、パンにアパレイユを吸い込ませる。

5 目の細かいザル(もしくはシノワ)で4を漉す。バニラのさやとカラザが取り除かれ、なめらかなアパレイユになる。

9 フライパンに無塩バターの半量を溶かし、8を中火で焼く。

2 アパレイユを作る。卵をボウルに割り入れほぐす。グラニュー糖の1/4量を加えてすり混ぜる。

6 1をジッパー付きの耐熱性保存袋に入れ、5が温かいうちに注ぎ入れる。温かいアパレイユはパンにしみ込みやすい。

10 焼き色がついたら裏返し、残りの無塩バターを加えて両面を焼く。

3 牛乳と残りのグラニュー糖、縦半分に切り種をこそげ出したバニラビーンズをさやごと小鍋に入れる。沸騰直前まで温めてグラニュー糖を溶かし混ぜる。

7 6の空気を抜きながら閉じる。真空に近い状態にすることで、アパレイユがしみ込む時間が短縮する。粗熱をとり、冷蔵庫に入れる。

11 バットにオーブンシートを敷き、10をのせる。180℃に予熱したオーブンに入れ、約10分焼く。器に盛り、お好みでクレーム・シャンティイを添える。

04 パンを卵に【ひたす】

パン・ペルデュ【つけ込みタイプ】 × 食パン + 調理法アレンジ！

揚げパン・ペルデュ

アパレイユをしみ込ませた食パンを、たっぷりの油で揚げるだけ。ふんわりと香ばしく、フランスの揚げパン、ベニエ（Beignet）を思わせるおいしさです。たっぷりと粉糖をふりかけてそのままつまんだり、ラズベリーやアプリコットのジャムにもよく合います。揚げたての熱々のうちにいただきましょう。

材料（作りやすい分量）
- 角食パン（4枚切り）…… 2枚
- 揚げ油 …… 適量
- 粉糖 …… 適量
- 〈アパレイユ〉
- 卵 …… 2個
- 牛乳 …… 160㎖
- グラニュー糖 …… 40g
- バニラビーンズ …… 1/4本

作り方
1. アパレイユを作る（p.107参照）。
2. 角食パンは4等分に切ってジッパー付きの耐熱性保存袋に入れ、1を注ぎ入れる。袋の中の空気をできるだけ抜きながら閉じ（写真①）、2時間からひと晩冷蔵庫に入れる。
3. 揚げ油を180℃に熱し、2を揚げる（写真②）。両面が色づきふっくらしたらバットに上げる。
4. 全体にたっぷりと粉糖をふっていただく。

① パンはあらかじめ切ってからアパレイユにつけ込みます。お好みでひと口サイズにしても。

② 全体が色づくように、返しながら揚げましょう。ふんわりふくらんできたら完成です。

ふんわりドーナツ感覚！

オーブン焼きパン・ペルデュ

小さく切ったパン・ペルデュは、オーブンで一度に焼き上げましょう。片手でパクパクつまめるサイズは、おやつにピッタリ。冷めてもおいしくいただけます。材料は同じでもサイズや焼き方を変えると、印象の違う一品になります。ひと口サイズに切ったバゲットで作るのもおすすめです。

材料(作りやすい分量)

角食パン(4枚切り) …… 2枚
無塩バター …… 適量
メープルシロップ …… 適量
〈アパレイユ〉
卵 …… 2個
牛乳 …… 160㎖
グラニュー糖 …… 40g
バニラビーンズ …… 1/4本

作り方

1. アパレイユを作る(p.107参照)。
2. 角食パンは9等分に切ってジッパー付きの耐熱性保存袋に入れ、1を注ぎ入れる。袋の中の空気をできるだけ抜きながら閉じ(写真①)、2時間からひと晩冷蔵庫に入れる。
3. オーブンシートを敷いた天板に2を並べる。常温に戻した無塩バターを表面に塗る(写真②)。240℃に予熱したオーブンで約10分焼く。
4. 器に盛り、メープルシロップをかけていただく。

パンはあらかじめ切ってからアパレイユにつけ込みます。お好みで切らずに作っても。その場合、焼き時間は少し長めに調整します。

たっぷり塗った無塩バターもおいしさの大切な要素です。香りよく焼き上がります。

さっくりスナック感覚!

04 パンを卵に【ひたす】

パン・ペルデュ【つけ込みタイプ】 × 食パン + 食材アレンジ！

オレンジ風味のパン・ペルデュ

アパレイユの牛乳をオレンジジュースに替えると、ひと味違うフルーティーな焼き上がりです。
コアントローの香りが大人っぽく、レーズンもいいアクセントになります。
オレンジのほのかな酸味がはちみつと好相性。柑橘系のはちみつが特におすすめです。

材料(2枚分)

レーズン食パン
(ワンローフ／25mmスライス)
…… 2枚
無塩バター …… 12g
〈アパレイユ〉
卵 …… 2個
オレンジジュース …… 160mℓ
はちみつ(手に入れば柑橘系) …… 20g
コアントロー …… 小さじ2

作り方

1. アパレイユを作る。ボウルに卵を割りほぐし、はちみつを混ぜ合わせる。オレンジジュースとコアントローを加えてよく混ぜたら、目の細かいザルかシノワで漉す。
2. レーズン食パンをジッパー付きの保存袋に入れ、1を注ぎ入れる。袋の中の空気をできるだけ抜きながら閉じ、2時間からひと晩冷蔵庫に入れる。
3. フライパンに無塩バターの半量を溶かし、2を中火で焼く。焼き色がついたら裏返し、残りの無塩バターを加えて両面を焼く。
4. 3をバットにのせ、180℃に予熱したオーブンで約10分焼く。
5. 器に盛り、はちみつをかけていただく。

さわやか
フルーティー！

豆乳の和風パン・ペルデュ

豆乳で作るアパレイユにきび砂糖のやさしい甘みを添えました。きなことゆであずきと合わせると、
緑茶やほうじ茶に合わせたい和の味わいに。
仕上げには黒蜜がよく合います。抹茶のアイスリームをトッピングするのもおすすめです。

材料(2枚分)

角食パン(4枚切り) …… 2枚
無塩バター …… 12g
ゆであずき …… 適量
黒蜜 …… 適量
きなこ …… 少々
〈アパレイユ〉
卵 …… 2個
豆乳 …… 180mℓ
きび砂糖 …… 40g

作り方

1. アパレイユを作る。ボウルに卵を割りほぐし、別のボウルに豆乳ときび砂糖を入れて沸騰直前まで軽く混ぜながら温める。卵に豆乳を注ぎ入れ、手早く混ぜる。目の細かいザルかシノワで漉す。
2. 角食パンは耳を切り落としてから半分に切り、ジッパー付きの耐熱性保存袋に入れ、1を注ぎ入れる。袋の中の空気をできるだけ抜きながら閉じ、2時間からひと晩冷蔵庫に入れる。
3. フライパンに無塩バターの半量を溶かし、2を中火で焼く。焼き色がついたら裏返し、残りの無塩バターを加えて両面を焼く。
4. 3をバットにのせ、180℃に予熱したオーブンで約10分焼く。
5. 器に盛り、茶こしできな粉をふりかける。ゆであずきをのせ、黒蜜をかけていただく。

やさしい和風味!

04 パンを卵に【ひたす】

パン・ペルデュ【つけ込みタイプ】 ✕ 食パン + 食材アレンジ！

黄桃とラズベリーのガトー・パン・ペルデュ

パウンド型で焼いたパン・ペルデュはまるでケーキのよう。パンの耳を側面に入れるのがポイントです。アパレイユを吸い込んでもつぶれず冷めてからも高さが保てて、断面の仕上がりがきれいです。フランスの定番デザート、ピーチメルバをイメージした組み合わせは彩りも味わいも間違いありません。焼きたては崩れやすいので、粗熱がとれてからが食べ頃です。常温でも、よく冷やしてもおいしくいただけます。

材料
（210×80×H60mmのパウンド型1本分）

角食パン（4枚切り）…… 3枚
黄桃（缶詰）（くし形切り）…… 250g
ラズベリージャム…… 80g
カスタードクリーム（p.36〜37参照）
…… 80g
アーモンドスライス（ロースト）…… 15g
〈アパレイユ〉
卵 …… 3個
牛乳 …… 200ml
グラニュー糖 …… 50g
バニラビーンズ …… 1/3本

作り方
1. アパレイユを作る（p.107参照）。
2. 角食パンは耳を切り落とし、半分に切る。耳は型の側面に入れて使う。
3. バットに2を入れ、1を全体にかける。角食パンは裏返したり、軽く押さえたりして全体にアパレイユをしみ込ませる。耳にもしっかりとしみ込ませる。
4. オーブンペーパーを敷いたパウンド型に3を敷き込む。半分に切ったクラム（中身）を中心部に、耳を両側面にそれぞれ2枚ずつ入れる。1段ごとにカスタードクリームの半量を塗り、黄桃の半量を並べ、黄桃の隙間にラズベリージャムの半量を絞り入れる。アーモンドスライスの1/3量をのせ、同様に2段目を重ねる。
5. 残りのパンでふたをしたら、上面に残りのアーモンドスライスをのせる。
6. 180℃に予熱したオーブンで約45分焼く。焼いている間にふくらんでくるので、途中で様子を見て、上面のパンが落ちそうなら軽く押さえる。
7. 型に入れたまま粗熱をとる。冷めたら好みの厚さにスライスする。

型に敷き込むオーブンペーパーを大きめにして高さを出すと、崩れる心配がありません。

カマンベールとりんごのパン・ペルデュ・グラタン

グラタン皿で作るパン・ペルデュは大人数で取り分けるパーティーメニューにおすすめです。カマンベールとりんごの組み合わせは、レーズン食パンとの相性がよく、甘すぎない大人味。カルヴァドスの香りも効いています。季節に合ったフルーツやチーズに替えて、アレンジも楽しめます。

材料(容量1ℓのグラタン皿1枚分)

レーズン食パン
(ワンローフ/15mmスライス)
…… 5枚
りんご …… 120g
カマンベール …… 125g
無塩バター …… 15g
くるみ(ロースト) …… 12g
はちみつ …… 適量
〈アパレイユ〉
卵 …… 2個
牛乳 …… 160mℓ
グラニュー糖 …… 40g
バニラビーンズ …… 1/4本
カルヴァドス …… 大さじ1

作り方

1. アパレイユを作り(p.107参照)、カルヴァドスを加え混ぜる。
2. レーズン食パンは半分に切る。
3. バットに**2**を入れ、**1**を全体にかける。レーズン食パンは裏返したり軽く押さえたりして全体にアパレイユをしみ込ませる。
4. グラタン皿の内側に無塩バターの1/3量を塗り、**2**を敷き詰める。
5. りんごは7mmの厚さにスライスし、カマンベールは放射状に12等分に切る。レーズン食パンの間にカマンベールとりんごを交互に入れる。粗く刻んだくるみをのせ、残りの無塩バターを小さく刻んで全体にのせる。
6. 180℃に予熱したオーブンに**5**を入れ、約30分焼く。カマンベールが溶け、焼き色がついたら取り出す。
7. 仕上げにはちみつをかけ、好みの大きさに切る。

ワインと一緒に!

04 パンを卵に【ひたす】

パン・ペルデュ・サレ✕食パン

パン・ペルデュ・サレ(Pain perdu salé)のサレとは「塩味の」という意味で、その名の通り、塩味のパン・ペルデュです。卵と牛乳に塩気をつけるのはオムレツやキッシュと同じ。パンに合うのは間違いありません。
アパレイユの量を少なめにすると、つけ込みの時間が少なくてもすぐに焼けます。また、パンの中心部はふんわりとパンそのものの食感が残っているので、トースト感覚の軽い食べ心地です。表面にたっぷりまぶしたパルメザンチーズが香りとコクを添え、このままおいしくいただけます。

材料(2枚分)

角食パン(5枚切り) …… 2枚
無塩バター …… 12g
パルメザンチーズ(パウダー)
…… 大さじ2〜3
黒こしょう …… 少々
〈アパレイユ〉
卵 …… 1個
牛乳 …… 80ml
塩 …… 少々
白こしょう …… 少々

作り方

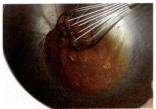

1 アパレイユを作る。卵をボウルに割り入れほぐす。塩を加えてすり混ぜる。

2 1に牛乳を加えて混ぜ合わせる。

3 白こしょうを加え、味をととのえる。

4 目の細かいザルかシノワで3を漉す。カラザなどがここで取り除かれてなめらかになり、パンにもしみ込みやすくなる。

5 バットに角食パンを入れ、4を全体にかけるように注ぎ入れる。

6 角食パンを立てるようにして、耳にもアパレイユを吸い込ませる。

7 甘いパン・ペルデュよりもアパレイユの量が少ないので、短時間で吸い込む。

8 角食パンの両面にパルメザンチーズをたっぷりとまぶし付ける。

9 フライパンに無塩バターの半量を溶かし、8を中火で焼く。

10 焼き色がついたら裏返し、残りの無塩バターを加えて両面を焼く。

11 側面を立てるようにして、耳にも焼き色をつける。器に盛り、お好みでパルメザンチーズ(分量外)と黒こしょうをかける。

04 パンを卵に【ひたす】

パン・ペルデュ・サレ ✕ 食パン + 食材アレンジ！

パン・ペルデュ・サレの朝食プレート

パン・ペルデュ・サレをメインにした朝食は、目玉焼きをのせて半熟の黄身をソースにすると美味。
カリッと焼いたベーコンとサラダを添えれば完璧なおいしさです。
アパレイユの量はそのままで小さめの食パンで作ると、卵のコクが感じられる仕上がりです。
トッピングの卵料理は、お好みでポーチドエッグやスクランブルエッグに替えても楽しめます。

材料(1枚分)

角食パン(小／25mmスライス) …… 1枚
無塩バター……8g
パルメザンチーズ(パウダー) …… 大さじ1
半熟目玉焼き(p.29参照) …… 1枚
ベーコン …… 2枚
ベビーリーフ …… 適量
塩 …… 少々
黒こしょう …… 少々
パン・ペルデュ・サレのアパレイユ
(p.115参照) …… 1/2量

作り方

1. アパレイユを作る(p.115参照)。
2. バットに角食パンを入れ、1を全体にかける。角食パンは裏返したり、軽く押さえたりして全体にアパレイユをしみ込ませる。耳にもしっかりとしみ込ませてから、両面にパルメザンチーズをまぶし付ける。
3. フライパンに無塩バターの半量を溶かし、2を中火で焼く。焼き色がついたら裏返し、残りの無塩バターを加えて両面を焼く。
4. ベーコンは両面をしっかり焼いてカリッとさせる。
5. 3を器に盛り、半熟目玉焼きをのせる。目玉焼きの上に、塩と粗くひいた黒こしょうをふり、4とベビーリーフを添える。

週末の
ブランチに！

モンテ・クリスト・サンドイッチ

ハムチーズサンドをフレンチトーストにした、アメリカ版クロック・ムッシュ。ハムの他、ターキーの組み合わせも定番で、揚げて仕上げることもあります。
粉糖をふりかけて、ベリーのジャムを添えるのが基本です。ジャムはたっぷりとつけるのがおいしさの秘訣。甘じょっぱさが食欲をそそります。

材料(1組分)

角食パン(6枚切り) …… 2枚
無塩バター …… 16g
ももハム …… 20g
スライスチーズ(あればグリュイエール
またはエメンタール …… 2枚(36g)
ジャム(ラズベリー、ブルーベリーなど
お好みで) …… 適量
粉糖 …… 少々
パン・ペルデュ・サレのアパレイユ
(p.115参照) …… 1/2量

作り方

1. アパレイユを作る(p.115参照)。
2. 角食パンの片面に無塩バターを3gずつ塗り、スライスチーズ、ももハム、スライスチーズを順にのせてはさむ。
3. バットに2を入れ、1を全体にかける。角食パンは裏返したり、軽く押さえたりして全体にアパレイユをしみ込ませる。
4. フライパンに無塩バター5gを溶かし、3を中火で焼く。焼き色がついたら裏返し、残りの無塩バターを加えて両面を焼く。
5. 4の上面に粉糖を茶こしでふりかける。4等分に切って器に盛り、ジャムを添える。

ジャムは
たっぷりと！

04 パンを卵に【ひたす】

パン・ペルデュ・サレ × 食パン + 食材アレンジ！

ハムと卵とブロッコリーのクロック・ケーク

クロック・ケーク（Croque-cake）とは、クロック・ムッシュとケーク・サレを掛け合わせたような料理で、アパレイユにひたしたパンをパウンド型に入れて焼き上げます。かたくなったパンの活用に向いており、パン・ペルデュの進化形とも言えます。
ハムとチーズの組み合わせが定番です。食材の組み合わせに工夫すると、断面の表情も楽しめます。

材料
（210×80×H60mmのパウンド型1本分）

角食パン（5枚切り）……3枚
ももハム……60g
ベシャメルソース（p.87参照）……90g
ブロッコリー入り卵サラダ※……1単位分
シュレッドチーズ……45g
イタリアンパセリ……少々
〈アパレイユ〉
卵……3個
牛乳……200mℓ
塩……小さじ1/4
白こしょう……少々

※ブロッコリー入り卵サラダ
固ゆで卵2個（p.10～11参照）は粗く刻んで塩、白こしょうをふり、マヨネーズ30gを混ぜ合わせる。塩ゆでしたブロッコリー30gを粗く刻み、加え混ぜる。

作り方
1. アパレイユを作る（p.115参照）。
2. 角食パンは耳を切り落とし、半分に切る。耳は型の側面に入れて使う。
3. バットに2を入れ、1を全体にかける。角食パンは裏返したり、軽く押さえたりして全体にアパレイユをしみ込ませる。耳にもしっかりとしみ込ませる。
4. オーブンペーパーを敷いたパウンド型に3を敷き込む。半分に切ったクラム（中身）を中心部に、耳を両側面にそれぞれ2枚ずつ入れる。1段ごとにベシャメルソースの半量を塗り、ももハムをのせ、ブロッコリー入り卵サラダの半量を入れたら、シュレッドチーズの1/3量をのせる。同様に2段目を重ねる。
5. 残りのパンでふたをしたら、上面に残りのシュレッドチーズをのせる。
6. 180℃に予熱したオーブンで約45分焼く。焼いている間にふくらんでくるので、途中で様子を見て、上面のパンが落ちそうなら軽く押さえる。
7. 型に入れたまま粗熱をとる。イタリアンパセリのせん切りを上面にのせ、好みの厚さにスライスする。

粗熱がとれるまで型に入れたままで。冷めると耳の側面以外は沈んでフラットに仕上がります。

カプレーゼ風パン・ペルデュ・グラタン

パン・ペルデュをグラタン皿に詰めて焼けば、パーティーにぴったりのごちそうになります。
トマトとモッツァレラとバジルを合わせたカプレーゼ風の組み合わせは、軽やかでワインのおつまみに
ピッタリです。生ハムで塩味のアクセントをつけて、オリーブ油をたっぷりかけると味わいが調和します。
季節の味覚に合わせて、自由にアレンジできます。

材料（容量1ℓのグラタン皿1枚分）

角食パン（8枚切り）……3枚
ミニトマト……100g
モッツァレラチーズ
（あればチェリーモッツァレラ）……100g
生ハム（プロシュート）……3枚
バジル……大3〜4枚
E.V.オリーブ油……20mℓ
〈アパレイユ〉
卵……2個
牛乳……160mℓ
塩……少々
白こしょう……少々

作り方

1. アパレイユを作る（p.115参照）。
2. 角食パンは耳が入るように8等分に切る。バットに1を入れて角食パンをしっかりとひたす。
3. グラタン皿の内側にE.V.オリーブ油の1/3量を塗り、2を敷き詰める。
4. 生ハムはちぎって3の角食パンの間にはさむ。半分に切ったミニトマトと、モッツァレラチーズをのせて、残りのE.V.オリーブ油をかける。
5. 180℃に予熱したオーブンに4を入れ、約30分焼く。モッツァレラが溶け、焼き色がついたら取り出す。
6. 仕上げに手でちぎったバジルの葉をのせる。好みの大きさに切り、E.V.オリーブ油（分量外）をかける。

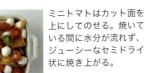

ミニトマトはカット面を上にしてのせる。焼いている間に水分が流れず、ジューシーなセミドライ状に焼き上がる。

白ワインに合わせて！

04 パンを卵に【ひたす】番外編

パン・ペルデュ ✕ 食パンの耳
食パンの耳プディング

気がつくと余ってしまう食パンの耳。揚げて砂糖をまぶしたり、ラスクにするのが定番ですが、ちょっとレトロで倹約おやつのよう。そんなイメージを払拭したくて作ったのが、このブレッド・プディングです。
あえてパンの耳だけを使い、バニラが香るアパレイユを合わせます。型ごと冷蔵庫に入れ、ひと晩おいてアパレイユをしっかり吸わせてから、じっくり湯煎で焼き上げます。耳だからこその香ばしさや、程よく残る食感がポイントで、モザイク状の断面も魅力的です。余ってなくてもわざわざ作りたくなる、おすすめのメニューです。

材料（210×80×H60mmのパウンド型1本分）

角食パンの耳 …… 180g
無塩バター …… 適量
メープルシロップ …… 適量
クレーム・シャンティイ（p.107参照） …… 適量
〈アパレイユ〉
卵 …… 3個
卵黄 …… 1個
牛乳 …… 300㎖
グラニュー糖 …… 60g
バニラビーンズ …… 1/3本

作り方

1. 食パンの耳は、薄切りのものはそのままで、4〜5枚切り（厚切り）のものは半分に細長く切る。1/3量は長さも半分に切る（写真①）。

2. アパレイユを作る（p.107参照）。パウンド型の内側に無塩バターを塗り、アパレイユと**1**を交互に入れる。パンの耳を軽く押さえ、アパレイユをしみ込ませるようにしながら全量入れる（写真②）。ラップをして、冷蔵庫に入れる。ひと晩以上おいてアパレイユをしっかりと吸わせる。

3. アルミ箔の内側に無塩バターを塗り、**2**の上部にかぶせる。180℃に予熱したオーブンに入れ、約45分湯煎焼きにする。

4. オーブンから取り出し、アルミ箔を取り、型に入れたまま粗熱をとる（写真③）。焼き上がりは上面がふくらむが、冷めるとフラットになる。粗熱がとれたら冷蔵庫で冷やす。

5. お好みの厚さにスライスして器に盛り、クレーム・シャンティイを添え、メープルシロップをかける。

史上最高、耳レシピ！

05

卵に合う
パンの種類と
組み立て方

05 卵に合う パンの種類と組み立て方

【食パン・バラエティ】

食パンは日本を代表する食事パンです。型に入れて焼き上げるので、クラム（中身）はしっとりきめ細かく、クラスト（皮・耳）はかたすぎず、口溶けがよいのが特徴です。
プレーンな生地なので、組み合わせる食材を選びません。日本の主食である「ごはん」のような存在で、毎日の食卓で気軽に取り入れられる普段着のパンです。
好みの厚さにスライスして、そのままでも、トーストやサンドイッチにしても、自由なスタイルで楽しめるのが魅力です。本書では、卵と合わせる基本のパンとして、さまざまなアレンジをご紹介します。

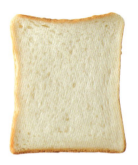

角食パン

一番の基本となる、プレーンな食パン。ふたをして焼くため、中はしっとりとやわらかく、サンドイッチはもちろん、トーストにも向く。薄切りから厚切りまで、自由に楽しめる。

全粒粉食パン

小麦全粒粉を使った食物繊維が豊富なヘルシーブレッドで、近年人気が高まっている。素朴な味わいと香ばしさが特徴的。グラハムブレッドとも言う。

ライ麦食パン

ライ麦粉をブレンドした風味豊かな食パンは、サンドイッチに向く。スライスは薄めがよい。乳製品や魚介類との相性もよく個性的な味わいが楽しめる。
※本書では、キャラウェイシードが入ったものを使用している。

山食パン

ふたをせず焼くことで生地が垂直に伸び、上部が山形に膨らむことからこう呼ばれる。別名イギリスパン。角食パンに比べるときめが粗く、トーストするとザクッとした食感が楽しめる。

ワンローフ食パン

ワンローフ型と言われる小型の長方形の型で焼き上げた食パン。一般的な食パンに比べると小ぶりで、サイズ感を活かしたアレンジに向く。

レーズン食パン

生地に副素材を加えた食パンにはいろいろなバラエティがあるが、一番手に入りやすくかつアレンジしやすい。レーズンの酸味と甘みがよいアクセントになり、サンドイッチやパン・ペルデュに向く。
＊本書ではワンローフタイプの小型のものを使用している。

【食パン・バラエティと卵サラダの相性考察】

卵とパンの組み立てで基本となるのが「食パン」との組み合わせです。2章で紹介した【はさむ】ゆで卵×食パンのメニュー（p.48〜65参照）を例に挙げ、基本の組み合わせからその展開方法を考察します。まず、プレーンな角食パンと基本の卵サラダの組み合わせをベースに考えて、全粒粉食パン、ライ麦食パン、それぞれに合ったバランスを探ります。パンの厚さと卵のカットサイズ、味つけのバランスなど一つ一つを分解しながら再構成します。

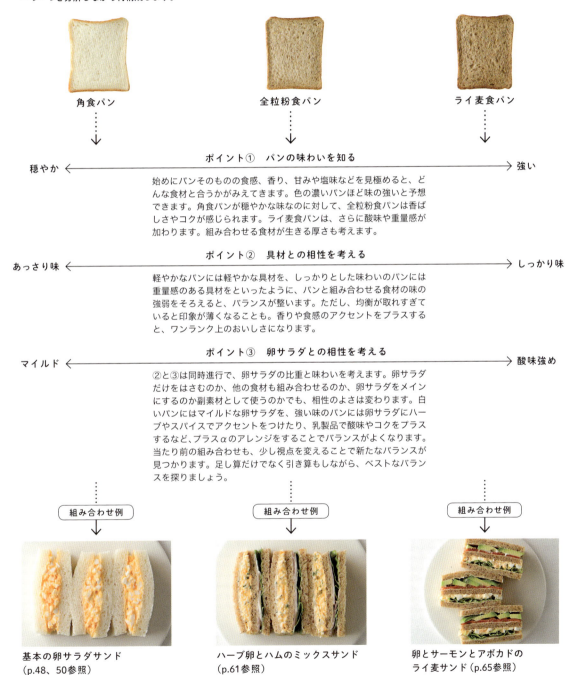

角食パン　　　　全粒粉食パン　　　　ライ麦食パン

ポイント①　パンの味わいを知る

穏やか ←　　　　　　　　　　　　　　　　　　　　　　　　　　→ 強い

始めにパンそのものの食感、香り、甘みや塩味などを見極めると、どんな食材と合うかがみえてきます。色の濃いパンほど味の強いと予想できます。角食パンが穏やかな味なのに対して、全粒粉食パンは香ばしさやコクが感じられます。ライ麦食パンは、さらに酸味や重量感が加わります。組み合わせる食材が生きる厚さも考えます。

ポイント②　具材との相性を考える

あっさり味 ←　　　　　　　　　　　　　　　　　　　　　　　　→ しっかり味

軽やかなパンには軽やかな具材を、しっかりとした味わいのパンには重量感のある具材をといったように、パンと組み合わせる食材の味の強弱をそろえると、バランスが整います。ただし、均衡が取れすぎていると印象が薄くなることも。香りや食感のアクセントをプラスすると、ワンランク上のおいしさになります。

ポイント③　卵サラダとの相性を考える

マイルド ←　　　　　　　　　　　　　　　　　　　　　　　　　→ 酸味強め

②と③は同時進行で、卵サラダの比重と味わいを考えます。卵サラダだけをはさむのか、他の食材も組み合わせるのか、卵サラダをメインにするのか副素材として使うのかでも、相性のよさは変わります。白いパンにはマイルドな卵サラダを、強い味のパンには卵サラダにハーブやスパイスでアクセントをつけたり、乳製品で酸味やコクをプラスするなど、プラスαのアレンジをすることでバランスがよくなります。当たり前の組み合わせも、少し視点を変えることで新たなバランスが見つかります。足し算だけでなく引き算もしながら、ベストなバランスを探りましょう。

組み合わせ例

基本の卵サラダサンド
（p.48、50参照）
やさしい甘みのあるパンと基本の卵サラダのプレーンかつマイルドな組み合わせ。

ハーブ卵とハムのミックスサンド
（p.61参照）
パンの素朴な風味を引き立てるハーブの香りと乳製品のコクと酸味のバランスがよい。

卵とサーモンとアボカドのライ麦サンド（p.65参照）
ライ麦の酸味と乳製品の酸味とコク、スモークの香りが相乗した深い味わい。

05 卵に合う パンの種類と組み立て方

【食パン・厚さと組み立て方】

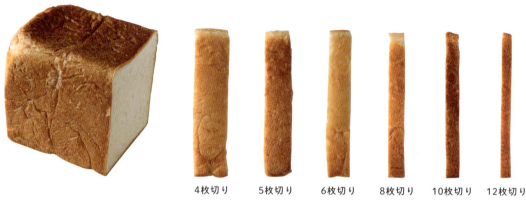

4枚切り　5枚切り　6枚切り　8枚切り　10枚切り　12枚切り

4枚切りで……
→ スクランブルエッグサンドに！
（p.78参照）
トーストやパン・ペルデュ、オープンサンドなどの1枚使いに。ポケットサンドにも。

5枚切りで……
→ 煮卵サンドに！
（p.59参照）
厚みを生かして、具だくさんのサンドイッチに。トーストやパン・ペルデュなどの1枚使いにも。

6枚切りで……
→ 卵＆チキンとスティック野菜のサラダサンドに！
（p.57参照）
2枚使いで具だくさんのボリュームサンドに。食べ応えも満点。

8枚切りで……
→ 卵＆コーンサラダサンドに！
（p.58参照）
2枚でも厚すぎず、程よいボリュームでサンドイッチに使いやすい。迷ったときは8～10枚切りに。

10枚切りで……
→ なめらか卵サラダサンドに！
（p.49、51参照）
2枚使いはもちろん3枚使いにも使える万能タイプ。迷ったときは8～10枚切りに。

12枚切りで……
→ 輪切り卵とハムとレタスのミックスサンドに！
（p.62参照）
上品に仕上がるサンドイッチらしい薄さ。2枚使いでティーサンドに。3枚使いでも食べやすい。

【番外編　トーストアレンジ】
4枚切りの食パンをくり抜いて……

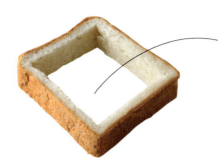

シーザーサラダ風トーストに！
(p.93参照)

厚切り食パンは耳の7mm内側にナイフを入れて、クラム(中身)をくり抜く。クラムはひと口大にカットして、耳とクラムを別々にトーストする。卵と野菜と組み合わせると、ごちそう風の一皿になる。

ナイフの種類と使い分け方

どれか1本を選ぶなら、長さのある波刃のブレッドナイフが万能。大きなカンパーニュもバゲットもストレスなく切れる。

波刃のペティナイフは、小型のパンを切るときや食パンをくり抜くときなど、細かなカットに便利。刃が短いので大きなパンには向かない。

先端だけ波刃が付いた平刃のブレッドナイフは、バゲットなどのハードなパンには向かないが、食パンの切り口はなめらか。食パンのサンドイッチに向く。

小さなピーリングナイフは、通常パン用に使うものではないが、細かな作業に向く。ブリオッシュ・ア・テットのくり抜きに便利。

波刃でソフトなパンを切ると、パンの切り口が荒れて、表面の乾燥が進む。食パンを切るなら平刃が向く。サンドイッチ作りには、よく研いで使う。

05 卵に合う パンの種類と組み立て方

【バゲット】
Baguette

フランスを代表する食事パンで、棒状に細長く焼き上げることによるクラスト（皮）の香ばしさが特徴です。小麦粉、塩、水、パン酵母だけで作る最もシンプルなパンで、かみしめるほどに深い味わいが感じられます。サンドイッチにしたり、料理と一緒に食べるほか、かたくなったバゲットはスープに入れたり、パン・ペルデュ、ラスクにとさまざまに活用できます。

切り方POINT　細長いバゲットは、食シーンに応じてさまざまな切り方で楽しめる。

① 斜めスライス
スープやサラダに添えて。

③ 輪切り（薄）
カナッペに。

③ 輪切り（厚）
料理に添えて。

② 輪切り（極薄）
ラスクに。

④ サンドイッチ用
横から切り込みを入れて。

⑤ 角切り
クルトンにしたりスープに入れて。

アクアコッタ
かたくなったパンで作るイタリア・トスカーナ地方のスープはおじやのよう。半熟の黄身を溶かしながら食べると美味（p.175参照）。

アーモンドとココナッツのテュイルラスク
残り物の卵白を活用したテュイル生地で作るラスクは、わざわざ作りたくなるおいしさ（p.184〜185参照）。

ソパ・デ・アホ
かたくなったパンとにんにくをE.V.オリーブ油で炒めて作るスペインのスープは、メインの具材がパン！（p.174参照）

ボカディージョ
スペイン名物のオムレツ、トルティージャを大胆にはさんだスペインの定番のバゲットサンド。しっかり焼き込んだオムレツとバゲットは、しっかり噛みしめながら食べると美味。

作り方 バゲットの内側にE.V.オリーブ油を塗ってトルティージャ（p.172参照）をはさみ、トマトクリームソース（p.176参照）をたっぷりかける。

【フィセル】
Ficelle

フランス語で「紐」を意味する細長いパンで、バゲットと同じ生地で作られます。小型で食べやすく、サンドイッチに向きます。

真横より少し上から切り込みを入れる。

えびと卵とトレビスのフィセルサンド
作り方 フィセルの内側に無塩バターを塗り、トレビス、固ゆで卵、むきえび(ボイル)を順にはさむ。オーロラソース(p.35参照)をたっぷり添える。

【バイン・ミー】
Bánh mì

ベトナムのフランスパンであるバイン・ミーは、皮が薄く、サックリと軽い食感が特徴です。ソフトフランスパンや、フィセルで代用できます。

真横より少し上から切り込みを入れる。

目玉焼きのバイン・ミー
合わせる調味料を変えるだけで、いつもの目玉焼きがベトナムの味わいに!
(p.147、149参照)

【バタール】
Batard

バゲットと同じ生地をバゲットより太く短く成形して焼き上げます。クラム(中身)の割合が多いので食べやすく、クラスト(皮)の香ばしさとのバランスのよいフランスパンです。

②斜めスライス(切り込み入り)
①に切り込みを入れて
サンドイッチに。

① 斜めスライス
料理に添えて。パン・ペルデュにも。

**ウフ・ア・ラ・ピペラードの
バタールサンド**
作り方 斜めにスライスにし、切り込みを入れたバタールの内側にE.V.オリーブ油を塗る。ルッコラと生ハムとウフ・ア・ラ・ピペラード(p.171参照)をはさむ。

【ブール】
Boule

バゲットと同じ生地を丸く焼いたものです。バタールと同様にパンの「中身」を好む日本人に向きます。丸い形状を生かしつつ、切り方を変えるとさまざまなアレンジが楽しめます(p.138参照)。

中央から放射状に切ると、クラストとクラムのバランスがよい。

05 卵に合う パンの種類と組み立て方

【パン・ド・カンパーニュ】
Pain de campagne

フランスの素朴な田舎パンで、大きな丸形やなまこ形で作られたものなど形状も味わいも作り手によって異なります。ずっしりと重めのものは薄くスライスしてタルティーヌに。軽めのタイプはバタールのようにカットしてサンドイッチにしてもよいでしょう。

（なまこ型）

切り方POINT
タルティーヌには12mm程度の厚さにスライスする。サイズが大きい場合は、斜め半分にカットすると食べやすい。

アボカドとポーチドエッグのタルティーヌ
作り方 アボカドはフォークの背で粗くつぶし、レモン果汁とE.V.オリーブ油をかけ、塩、白こしょう、チリペッパーで味をととのえる。薄くスライスしたパン・ド・カンパーニュは軽くトーストする。アボカドをたっぷり塗り、ポーチドエッグ（p.30〜31参照）をのせる。サワーマヨソース（p.35参照）をかけ、シブレットのみじん切りとチリペッパーをかける。

切り方POINT
料理に添える場合は好みの厚さにスライスする。サンドイッチにする場合は、30mmの厚さに切り、真ん中に切り込みを入れる。

【パン・ド・セーグル】
Pain de seigle

フランスのライ麦パン。ライ麦比率が高いものは、色も濃く目の詰まった重めの焼き上がりです。ほのかな酸味と独特の風味があり、料理やワインのおいしさを引き立てます。

切り方POINT
10mm程度の厚さにスライスする。

ウフ・アン・ムーレットのパン・ド・セーグル添え
赤ワインをたっぷり使ったソースのコクと酸味が、ライ麦パンの酸味と相乗して大人の味わいに（p.170参照）。

【ロッゲンミッシュブロート】
Roggenmischbrot

ライ麦比率の高いドイツの伝統的なライ麦パン。目が詰まってずっしり重く、生地はしっとりしています。バターや、チーズ、ハムによく合い、サンドイッチに向きます。

切り方POINT　8〜12mm程度に好みに合わせて薄くスライスする。

小えびと卵のスモーブロー
ナイフとフォークで食べるデンマークのオープンサンド。えびと卵は定番の組み合わせで、ライ麦パンの酸味が食欲をそそる（p.158、160参照）。

【ベルリーナラントブロート】
Berliner Landbrot

ベルリン風の田舎パンで平たい楕円状の形と、表面のひび割れが特徴です。しっとりもっちりした食感で、ロッゲンミッシュブロートと同様にチーズやハムに合い、サンドイッチに向きます。

切り方POINT　8〜12mm程度に好みに合わせて薄くスライスする。

**ホワイトアスパラガスの
オランデーズ添えと
ベルリーナラントブロート**
ドイツ人の大好きな春の味覚。ホワイトアスパラガスにたっぷり添えたオランデーズソースが酸みのあるライ麦パンに合う（p.178参照）。

05 卵に合う パンの種類と組み立て方

【クロワッサン】
Croissant

フランスでは朝食の定番。バターを折り込んだ生地を巻くことで層ができ、パイのように焼き上がる。サクサクに焼けた表皮と、バターが香るやわらかなクラムの味わいのコントラストが魅力です。フランスではそのまま食べるのが基本で、サンドイッチにすることはあまりありません。

切り方POINT 生地の巻き込みの方向に沿って切り込みを入れると層が剥がれにくい。クロワッサンを正面に向けた際の背中側（左のクロワッサン写真の上側）層から切り込みを入れる。真横ではなく、気持ち上側から斜め下に向かうようにすると具をはさんだ際に中身が見えやすい。

**スモークサーモンと
スクランブルエッグのクロワッサンサンド**

作り方 クロワッサンは横から切り込みを入れ、内側に無塩バターを塗る。ルッコラ、スクランブルエッグ（p.24～25参照）、サワーマヨソース（p.35参照）、スモークサーモンを順にはさむ。

【パン・ヴィエノワ】
Pain viennois

細かく入ったクープが特徴的なほんのり甘みがあるセミハードパン。さっくりと歯切れのよい、目の詰まった生地で、細長い形が食べやすくサンドイッチに向きます。ソフトな食材との相性がよく、卵にもよく合います。

切り方POINT 真横より少し上から斜めに切り込みを入れる。

サラミと卵のヴィエノワサンド

サラミの豊かな味わいを、ゆで卵とサワーマヨソースがまとめたバランスのよいおいしさ。卵ハムコッペ（p.134参照）と組み合わせは似ているが、ひと味違うフランスらしい味わい（p.155、157参照）。

【ブリオッシュ・ア・テット】
Brioche à tête

ブリオッシュは、卵とバターがたっぷりのフランスのリッチなパンで、形のバリエーションが豊富です。フランスではフォアグラやソーセージと合わせるのが一般的。日本では菓子パンの印象がありますが、食事にも向きます。テットとはフランス語で頭のこと。花びら状の型に入れた生地の上部を丸めることで独特な形状に焼き上がります。

切り方POINT 上部の丸い頭の部分を切り、カット面に沿って下部を丸くくり抜く。

**ブリオッシュの
グラタン オレンジ風味**

くり抜いた中にはマーマレードとクリームチーズをたっぷり詰めて。パンの種類や使い方を工夫すると、定番メニューが見違える（p.190～191参照）。

ブリオッシュのファルシ

作り方 ブリオッシュ・ア・テットは上部を切り、下部をくり抜く。くり抜いた中にハーブ卵サラダ（p.60参照）を詰め、切り取った上部をかぶせる。フルーツとクリームを詰めてデザートにしてもよい（p.188～189参照）。

【ブリオッシュ・ナンテール】
Brioche Nanterre

型に入れて食パンのように焼き上げたブリオッシュ。スライスできるので、サンドイッチやパン・ペルデュに幅広く使えます。

切り方POINT サンドイッチには12mm程度、パン・ペルデュは20〜30mm程度にスライスする。

ブリオッシュのフルーツサンド
卵とバターがたっぷりのブリオッシュで作るフルーツサンドは、とびきりリッチな味わい(p.186〜187参照)。

【パンドーロ】
Pan doro

卵とバターがたっぷりのソフトでリッチな味わいの、イタリアのクリスマスの発酵菓子。パンドーロはイタリア語で黄金のパンという意味で、その名の通り生地は鮮やかな黄色。星型は見た目だけではなく火の通りをよくするため。粉糖をたっぷりまぶして食べます。

切り方POINT ひだの角に合わせて放射状に切るのが基本。横からスライスすると、サイズ違いの星形に。

パンドーロとベリーのザバイオーネグラタン
パンドーロで作るデザートグラタンは、星の形が印象的。大きく作ってシェアして楽しみたい(p.183参照)。

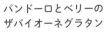

05 卵に合う パンの種類と組み立て方

【コッペパン】

学校給食で提供しやすいサイズとして普及した、日本の特有のソフトなパン。クセがないので合わせる食材を選ばず、甘いものにも惣菜系にも合います。食べやすい形状とほんのり甘くソフトな食感が食べやすく、日本人の味覚に合うパンとして近年見直されています。

切り方POINT
背割り：上部から切り込みを入れる。具材をはさむと左右にパンが広がり、中身が見えやすくボリューム感が出る。見た目はわかりやすいが、具が多すぎると食べにくくなることも。

切り方POINT
腹割り：横から切り込みを入れる。フィリングを塗るだけの場合は、横からまっすぐ切る。具材をたっぷりはさむ場合は、真横よりも気持ち上部から斜めに切り込みを入れる。上部が具材にかぶさるので具だくさんでも食べやすい。

煮卵コッペ パクチーのせ
作り方 コッペパンは背割りして、内側に無塩バターを塗る。煮卵サラダ(p.15参照)をはさみ、パクチーを刻んでのせる。

えびかつ＆タルタルコッペ
作り方 コッペパンは背割りして、内側に無塩バターを塗る。グリーンリーフ、えびかつ、タルタルソース(p.35参照)をはさむ。

卵ハムコッペ
作り方 コッペパンは腹割りして、内側に無塩バターを塗る。グリーンリーフ、ハム、基本の卵サラダ(p.50参照)をはさむ。

【フォカッチャ】
Focaccia

イタリアのシンプルな平焼きパン。平らにのばした生地にオリーブ油を塗って指でくぼみをつけて焼き上げます。さっくりと歯切れがよく、オリーブ油の香りが具材を引き立てます。シート状に大きく焼いて切り分けるのが一般的。丸い小型のタイプはサンドイッチに向きます。

（カットタイプ）

切り方POINT　真横から切り、上下に分ける。

（丸形）

切り方POINT　真横から切り、上下に分ける。

サラミとゆで卵のパニーニ
作り方　フォカッチャは真横から切り、内側にE.V.オリーブ油を塗る。ルッコラ、ミラノサラミ、軽く塩と白こしょうをふった固ゆで卵（p.10〜11）、ピーラーで薄くスライスしたペコリーノチーズをはさむ。

パン・バニャ
野菜のみずみずしさと歯切れのよいパンの相性が楽しめる、南仏の名物サラダサンド。好みのサラダでアレンジしてもよい（p.154、156参照）。

【イングリッシュ・マフィン】
English muffin

丸い型に入れて焼き上げたイギリスの伝統的なパン。もっちりと水分が多い生地で、半分に切り、トーストして食べます。エッグ・ベネディクト（p.95参照）に使うパンとしても人気があります。

切り方POINT　真横から切り、上下に分ける。フォークを横から刺してから手ではがすとよい。断面がギザギザになることで、トーストしたときに香ばしさとザクッとした食感が楽しめる。

エッグ＆ソーセージマフィンサンド
作り方　イングリッシュ・マフィンは真横から半分に切り、トーストする。内側に無塩バターを塗り、フライパンで焼いたソーセージ（ここではレバーケーゼ〈p.179参照〉を使用）と目玉焼き（p.28〜29参照）をはさむ。目玉焼きの上に塩と粗くひいた黒こしょうをふる。

05 卵に合うパンの種類と組み立て方

お楽しみの切り方

パンの切り方を少し変えてみると
卵とパンの組み合わせが、もっと楽しくなります！
アイディアを膨らませて、自由にアレンジしてみましょう。

【卵1個と食パンで】はさまない卵サンド

パンを2枚使っていますが、はさむわけではありません。オープンサンドとも違います。食パンを丸くくり抜いて、スライスしたゆで卵をはめこむ、遊び心いっぱいのはさまない卵サンドです。
見た目はサンドイッチっぽくありませんが、口の中でパンと卵と調味料が合わさることで、食べると卵サンドの味がします。
くり抜いたパンにジャムやバターを塗ったり、サラダを添えたりして、ちょっとおしゃれな朝食プレートに仕上げてもよいでしょう。

切り方POINT

小さな抜き型を使って、食パンを丸くくり抜く。スライスしたゆで卵に合うように、直径30〜45mm程度の数種類をサイズを変えてランダムに抜くのがポイント。

材料

角食パン（10枚切り）…… 2枚
固ゆで卵(p.10〜11参照)…… 1個
サワーマヨソース
(p.35参照)…… 15g
塩、白こしょう…… 少々

作り方

固ゆで卵1個はエッグカッターでスライスする。角食パン1枚は片面にサワーマヨソースを塗る。もう1枚の角食パンは抜き型を使って、固ゆで卵のサイズに合うように丸く5カ所をくり抜く。くり抜いたパンをくり抜いていないパンの上にのせ、穴の部分にサイズが合う固ゆで卵を詰める。
固ゆで卵の両端は、くり抜いたパンにのせる。仕上げに塩、白こしょうをふりかけて完成。

【卵1個と食パンで】目玉焼きトースト

目玉焼きトースト（p.88〜89）と似ていますが、こちらはパンを2枚使います。抜き型で丸くくり抜いた1枚を、もう1枚のパンの上に重ねることで卵を入れるくぼみを作ります。卵が入っているのは真ん中だけなので、カリッと香ばしく焼けた部分が多く、トーストらしさもしっかりと味わえます。

2枚のパンの間に塗るしょうゆマヨソースは、味つけのためだけではなく、パンを接着させるのりの役割もあります。しょうゆマヨソースはお好みで、オーロラソースやサワーマヨソース（p.35参照）に変えたり、ベシャメルソース（p.87）やチーズをはさんでもよいでしょう。はさまない卵サンド（左ページ）と同様に、バターやジャム、サラダを添えて、彩りよく盛りつけてアレンジするのもおすすめです。

切り方 POINT

直径80mm前後の抜き型を使って、食パンの中央部分を丸くくり抜く。卵1個を割り入れられるサイズであれば、くり抜く大きさはお好みで。

材料

角食パン（10枚切り）……2枚
卵……1個
しょうゆマヨソース
（p.34参照）……10g
塩、黒こしょう……少々

作り方

角食パン1枚の中央部分を抜き型で丸くくり抜く。もう1枚の角食パンの片面にしょうゆマヨソースを塗り、丸くくり抜いた角食パンを上に重ねる。真ん中にできたくぼみに卵を割り入れる。予熱したオーブントースターに入れ、白身が固まるまでトーストする。周囲が焦げそうな場合はアルミ箔で包む。卵の上に塩と粗くひいた黒こしょうをふりかけて完成。

丸い抜き型

パテ抜きと呼ばれる丸い抜き型は、製菓用だけでなく、サンドイッチ作りにも活用できる。直径20mmから104mmまで12のサイズがそろったセットは、細かく使い分けができるのであると便利。

05 卵に合う パンの種類と組み立て方

【ブールで】
ブール仕立てのシーザーサラダ

シンプルなシーザーサラダが見違え、香ばしいクラストとふんわりとしたクラムが
バランスよく楽しめる、おすすめの切り方です。卵の黄身やドレッシングをブール
につけながら、リング状の部分は手で割りながら、最後までおいしくいただけます。
お好みのサラダに変えてアレンジしても。

切り方 POINT

ブールを真横から上下二つに切り分け、上半分を放射状に切る。下半分は側面を10mm程度残して内側をぐるりとくり抜く。リング状の部分はサラダを盛りつける枠として、中身は20mm角に角切りしてクルトンにする。

材料

ブール……1個
ポーチドエッグ
(p.30〜31参照)……1個
お好みの葉物野菜(フリルレタス、ロメインレタス、トレビスなど)……適量
シーザーサラダドレッシング
(p.93参照)……適量
E.V.オリーブ油……適量
パルメザンチーズ(パウダー)……適量
黒こしょう……少々

作り方

1. 切り分けたブールにE.V.オリーブ油を刷毛で塗り、角切りにした中身にパルメザンチーズをまぶす。全部を200℃に予熱したオーブンに入れ、カリッと色づくまで焼き上げる。
2. 器の中央にリング状のブールを置く。ブール上部を放射状に切って周りに並べる。鋭角側を外に向けて等間隔で並べるとバランスがよい。
3. リング状のブールの中に葉物野菜と角切りの中身をバランスよく盛りつける。最後にポーチドエッグを上にのせ、シーザーサラダドレッシングをたっぷりかけ、パルメザンチーズと粗くひいた黒こしょうをふりかけて完成。

【フィセルで】
ウフ・ア・ラ・ピペラードのフィセル添え

料理にパンを添えるときにおすすめの、楽しい切り方です。平皿だとパンが差し込めないので、ある程度高さのある深皿が向いています。
お好みでトーストして、カリッとさせてもよいでしょう。スープやサラダなど合わせる料理はお好みで。

切り方 POINT

フィセルを20mmの厚さに斜めに切ったら、次に斜めに切り込みを入れる。この切り込みは、バゲットやフィセルのサンドイッチのときとは逆方向に、下側から上側に向けて切る。こうすることで、器に添えた際に、クープのきれいな上面がよく見える。

材料

フィセル …… 1本
ウフ・ア・ラ・ピペラード
(p.171参照) …… 適量

作り方

ウフ・ア・ラ・ピペラードは深さのある器に盛りつけ、器の端にフィセルを差し込む。

06
卵が名脇役
世界の
サンドイッチ

06 卵が名脇役 世界のサンドイッチ

Japan
えびフライサンド
Fried prawn sandwich

みんなが大好きなえびフライをメインに、せん切りキャベツとタルタルソース、そして卵焼きを合わせたトーストサンド。卵のソースがえびフライのおいしさを引き立てて、卵焼きが彩りを添えます。大きな口を開けて頬張りたい、ちょっと贅沢な組み合わせです。

Japan
ミックスフルーツサンド
Mixed fruits sandwich

5種類のフルーツを大胆に組み合わせたフルーツサンドは、クリーム使いがポイントです。片方にはクレーム・シャンティイを、もう一方にはバニラが香るカスタードクリームを合わせることでパンとフルーツの個性がやさしく結びつきます。

角食パン
無塩バター
キャベツ
和風タルタルソース

えびフライ

マヨネーズ
卵焼き
無塩バター
角食パン

えびフライサンド

材料(1組分)

角食パン(6枚切り) …… 2枚
無塩バター …… 6g
えびフライ …… 3本
和風タルタルソース(p.35参照) …… 45g
キャベツ(せん切り) …… 25g
マヨネーズ …… 3g
卵 …… 1個
塩 …… 少々
白こしょう …… 少々
サラダ油 …… 適量

作り方

1. 角食パンは表面に軽く焼き色がつく程度にトーストする。片面にバターを塗る。
2. 卵をボウルに割りほぐし、塩、白こしょうで軽く味をととのえる。小型の玉子焼き器にサラダ油をひいて熱し、食パンよりひと回り小さいサイズに焼き上げる。
3. 1に2をのせ、マヨネーズを全体に細く絞りかける。えびフライ、和風タルタルソース、キャベツを順にのせてはさむ。
4. 耳を切り落とし、2等分に切る。

＊ここではしば漬けとらっきょう、大葉入りの和風タルタルソースを使用しましたが、お好みでレモンとコルニッション入りのタルタルソース(p.35参照)を合わせてもよい。

角食パン ……………
クレーム・シャンティイ ……………
フルーツ(マンゴー、キウイ、……………
甘夏みかん、いちご、バナナ)
カスタードクリーム ……………
角食パン ……………

ミックスフルーツサンド

材料(1組分)

角食パン(8枚切り) …… 2枚
クレーム・シャンティイ※ …… 25g
カスタードクリーム(p.36〜37参照) …… 30g
いちご …… 2個
バナナ …… 1/2本
マンゴー …… 1切れ(約25g)
キウイ …… 1/4個(縦切り)
甘夏みかん(缶詰) …… 1房
粉糖 …… 少々

※クレーム・シャンティイ
生クリーム(乳脂肪分38%前後)に10%のグラニュー糖を加えて9分立てにする。

作り方

1. 角食パンはあらかじめ耳を切り落とし、1枚にクレーム・シャンティイを、もう1枚にカスタードクリームを塗る。
2. いちごは1個を縦切りする。
3. 1にバナナ、いちご、マンゴーを並べる。いちごは1個を中央部に置き、その両脇に縦切りしたものを置く。さらに甘夏みかんとキウイを重ね、もう1枚のパンではさむ。
4. 3を半分に切り、仕上げに粉糖をふる。

フルーツサンドは、断面の彩りを意識してフルーツのカット方法や組み合わせ、並べ方を決めましょう。クリームの量が多すぎると断面にあふれてくるので、パンとフルーツの隙間が埋まる程度で気持ち少なめにするのもポイントです。

06 卵が名脇役 世界のサンドイッチ

Singapore
カヤトースト 温泉卵添え
Kaya toast with soft-boiled eggs

シンガポールの朝食の定番「カヤトースト」は、薄めのトーストにバターとカヤジャムをたっぷりはさんだものに、温泉卵を2個添えるのが特徴的です。とろとろの卵はしょうゆとこしょうで調味して、トーストにつけながらいただきます。甘じょっぱさのコントラストが新鮮で、食べると納得のおいしさです。

Vietnam
目玉焼きのバイン・ミー
Bánh mì ốp la

フランス統治下時代に伝わったパン文化と自国の食文化がミックスして生まれたバイン・ミーは、今では国民食と言われるほどの存在になっています。ベトナムハムやレバーパテ、なますとの組み合わせ以外に、卵焼きを合わせるのも定番です。ここではヌクマムと甘いマヨネーズでシンプルにまとめました。お好みでなますや、きゅうりのスライスを加えてもよいでしょう。

全粒粉食パン …………
無塩バター …………
全粒粉食パン …………

カヤジャム

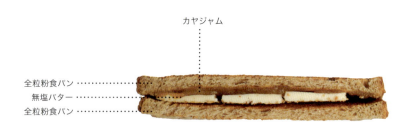

カヤトースト 温泉卵添え

材料(1皿分)
全粒粉食パン(12枚切り) …… 4枚
カヤジャム※ …… 30g
無塩バター …… 18g
温泉卵(p.31参照) …… 2個
しょうゆ …… 少々
白こしょう …… 少々

※カヤジャム
ココナッツミルクと卵と砂糖で作られた甘いスプレッドで、独特の甘い香りを持つパンダンリーフを使うのが特徴です。カヤジャムにも卵が入っているので、温泉卵と違和感なく味がなじみます。輸入食材店で手に入ります。

作り方
1. 全粒粉食パンは軽くトーストして、カヤジャムを塗り、スライスした無塩バターをはさむ。
2. 半分に切って皿に盛り、温泉卵を添える。温泉卵は、しょうゆと白こしょうで味をととのえる。カヤトーストを温泉卵につけながらいただく。

焼豚
はちみつマヨネーズ
ソフトフランスパン
無塩バター
パクチー
目玉焼き＋ヌクマム
グリーンリーフ
サニーレタス
無塩バター
ソフトフランスパン

目玉焼きのバイン・ミー

材料(1本分)

ソフトフランスパン
（バイン・ミー〈p.129参照〉）…… 1本(65g)
無塩バター …… 8g
グリーンリーフ …… 7g
サニーレタス …… 7g
焼豚(スライス) …… 45g
卵 …… 1個
はちみつマヨネーズ※ …… 6g
パクチー …… 適量
ヌクマム※ …… 少々
白こしょう …… 少々
サラダ油 …… 少々

※はちみつマヨネーズ
マヨネーズ：はちみつ＝9：1の割合で混ぜ合わせる。
※ヌクマム
ベトナムの魚醤。ナンプラーで代用できる。

作り方

1. ソフトフランスパンは軽くトーストする。横から切り込みを入れ、内側に無塩バターを塗る。
2. フライパンにサラダ油を塗り、目玉焼き（ターンオーバー）を作る(p.28〜29参照)。焼き上がったらヌクマムと白こしょうをふりかけて味をととのえる。
3. 1にグリーンリーフとサニーレタスをはさむ。はちみつマヨネーズを細く絞りかけ、焼豚、2、パクチーを順にはさむ。
4. 3を半分に切り、仕上げに粉糖をふる。

バイン・ミーは、ベトナムでパンそのものを指す言葉であり、そのパンを使ったサンドイッチのこともバイン・ミーと言います。

06 卵が名脇役 世界のサンドイッチ

U.S.A.
B.E.L.T. サンドイッチ
B.E.L.T. sandwich

　B.L.T.は、ベーコン、レタス、トマトの3つの食材の頭文字を取ったもので、アメリカを代表するサンドイッチです。さまざまな食材を加えてアレンジされ、中でも卵との組み合わせは、味わいはもちろん彩りのバランスもよく人気があります。目玉焼きは半熟の状態で焼き上げて。とろりとした黄身がソースとなり、食材とパンをまろやかにまとめてくれます。

U.S.A.
クラブサンドイッチ
Club sandwich

トリプル・デッカー・サンドイッチと呼ばれる3枚のパンを合わせたサンドイッチで、アメリカから世界中に広まりました。ベーコン、レタス、トマト、卵、チキン（またはターキー）、マヨネーズと、アメリカのサンドイッチの基本食材を詰め込んだ贅沢な構成で、高級軽食として位置づけられています。食材をはさむ順番が重要で、3枚のパンの中にどう組み合わせるかで味のバランスが変化します。

06 卵が名脇役 世界のサンドイッチ

コルニッション
角食パン
無塩バター
レタス
オーロラソース
目玉焼き
オーロラソース
トマト
マヨネーズ
ベーコン
無塩バター
角食パン

B.E.L.T.サンドイッチ

材料（1組分）
角食パン（6枚切り）……2枚
無塩バター……6g
ベーコン……2枚（20g）
レタス……25g
トマト（大・15mmスライス）……1枚（70g）
目玉焼き（サニーサイドアップ）（p.28〜29参照）
……1枚
オーロラソース（p.35参照）……10g
マヨネーズ……2g
塩……少々
白こしょう……少々
黒こしょう……少々
（あれば）コルニッション……2本

作り方
1. 角食パンは軽く焼き色がつく程度にトーストして、片面に無塩バターを塗る。
2. ベーコンはフライパンで両面を焼き、ペーパータオルで押さえて余分な脂を取る。
3. トマトは両面に軽く塩をふり、ペーパータオルで押さえて余分な水分を取り、粗くひいた黒こしょうをかける。
4. 1に2をのせ、マヨネーズを細く絞り、3をのせる。絞り袋に入れたオーロラソースの半量を細く絞り、目玉焼きをのせ、塩、白こしょうをかける。さらに残りのオーロラソースを細く絞り、パンより二回り小さいサイズに折りたたんだレタスをのせ、もう1枚の角食パンではさむ。
5 コルニッションを刺したピック2本を4に刺し、半分に切る。

- ブラックオリーブ
- 無塩バター
- 角食パン
- レタス
- トマト
- ベーコン ……………… サワーマヨソース
- 角食パン ……………… 無塩バター
- チキンソテー ………… 無塩バター
- ……………………………… サワーマヨソース
- 固ゆで卵 ……………… 無塩バター
- 角食パン

クラブサンドイッチ

材料（1組分）

角食パン(8枚切り) …… 3枚
無塩バター …… 12g
固ゆで卵(p.10～11参照) …… 1個
チキンソテー※ …… 60g
トマト(大・10mmスライス) …… 45g
ベーコン …… 2枚(20g)
レタス …… 18g
サワーマヨソース(p.35参照) …… 18g
塩 …… 少々
白こしょう …… 少々
黒こしょう …… 少々
(あれば)ブラックオリーブ、グリーンオリーブ …… 各2個

※チキンソテー
鶏もも肉1枚は、両面に塩、白こしょうをふり、サラダ油をなじませる。フライパンで皮目を下にして約5分焼く。中火でじっくりと皮がパリッときつね色に色づくまで焼いたら上下を返す。さらに4分ほど焼き、バットに上げる。5～10分休ませてから切る。

作り方

1. 角食パンは表面が乾き、色づかない程度に軽くトーストし、片面に無塩バターを3gずつ塗る。
2. ベーコンはフライパンで両面を焼き、ペーパータオルで押さえて余分な脂を取る。
3. トマトは両面に軽く塩をふり、ペーパータオルで押さえて余分な水分を取り、黒こしょうをかける。
4. 固ゆで卵を卵スライサーで輪切りにし、黄身の大きい中心部を角食パンの中央に置き、さらに角に向かって4カ所に黄身の入ったものを並べる。白身だけの部分を隙間に置く(p.53参照)。固ゆで卵の上に塩、白こしょうを軽くふり、絞り袋に入れたサワーマヨソースを5g細く絞りかける。さらに、スライスしたチキンソテーをのせ、無塩バターを塗った角食パンではさむ。
5. 4の上に残りの無塩バターを塗り、2をのせ、サワーマヨソースを細く絞りかける。3をのせ、さらに残りのサワーマヨソースを細く絞りかけ、パンより二回り小さいサイズに折りたたんだレタスをのせ、もう1枚の角食パンではさむ。
6. ブラックオリーブ、グリーンオリーブを刺したピックを4カ所に刺す。耳を切り落とし、対角線上に包丁を入れて4等分に切る。

06 卵が名脇役 世界のサンドイッチ

France
パン・バニャ
Pan bagnat

パン・バニャは南仏・ニース地方の名物のサラダサンドイッチで、ニース風サラダが原型の地域性の高いメニューです。直訳すると"ひたしたパン"。一般的なサンドイッチ作りでは、パンに食材の水分がしみ込まないように注意するところ、このサンドイッチでは野菜の水分やオリーブ油がパンにしみ込むのがおいしさの要です。

France
サラミと卵のヴィエノワサンド
Sandwich viennois salami œuf

パン・ヴィエノワのサンドイッチは、フランスのパン屋さんでも定番メニューの一つです。油脂と牛乳がたっぷり配合されたリッチなパンは、ソフトで歯切れがよく、合わせる具材を選びません。サラミとゆで卵の組み合わせは、パンと食材の食感・口溶けのバランスがよく、飽きのこないおいしさです。トマトを加えたり、ツナと卵の組み合わせもおすすめです。

06 卵が名脇役 世界のサンドイッチ

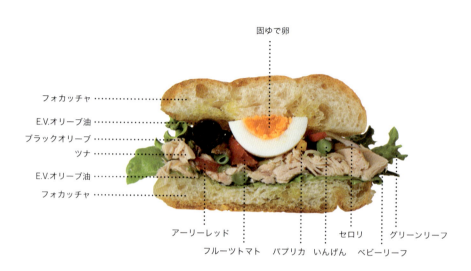

パン・バニャ

材料(1個分)

フォカッチャ …… 1個(60g)
E.V.オリーブ油 …… 10g
グリーンリーフ …… 6g
ベビーリーフ …… 2g
固ゆで卵(p.10〜11参照) …… 1/2個
フルーツトマト …… 1/2個(25g)
ツナ(オイル漬け・缶詰) …… 40g
アーリーレッド(スライス) …… 7g
セロリ(スライス) …… 6g
パプリカ(赤・黄／スライス) …… 8g
いんげん(塩ゆで) …… 1本
ヴィネグレットソース※ …… 10g
ブラックオリーブ …… 2個
にんにく …… 1/2片
塩 …… 少々
白こしょう …… 少々

※ヴィネグレットソース(作りやすい量)
白ワインビネガー60mℓ、塩小さじ1/2、白こしょう少々、ディジョンマスタード小さじ1を混ぜ合わせる。E.V.オリーブ油60mℓ、サラダ油100mℓを合わせて乳化させる。

作り方

1. フォカッチャは横にスライスして、カット面ににんにくをこすりつけてからE.V.オリーブ油を塗る。
2. ツナは油を切り、ヴィネグレットソースをかけて味をなじませる。フルーツトマトといんげんは3等分に切る。
3. フォカッチャにグリーンリーフ、ベビーリーフ、2を順にのせる。固ゆで卵、アーリーレッド、セロリ、パプリカを彩りよくのせ、固ゆで卵の上に塩、白こしょうをふってからはさむ。

パン・ヴィエノワ　無塩バター　サワーマヨソース　ミラノサラミ　ベビーリーフ

グリーンリーフ

ルッコラ

固ゆで卵　無塩バター　パン・ヴィエノワ

サラミと卵のヴィエノワサンド

材料（1個分）

パン・ヴィエノワ …… 1個(85g)
無塩バター …… 6g
グリーンリーフ …… 4g
ルッコラ …… 2g
ベビーリーフ …… 2g
ミラノサラミ …… 3枚(20g)
固ゆで卵(p.10〜11参照) …… 1個
サワーマヨソース(p.35参照) …… 6g
塩 …… 少々
白こしょう …… 少々

作り方

1. パン・ヴィエノワは横から切り込みを入れ、カット面に無塩バターを塗る。
2. 固ゆで卵は卵スライサーで輪切りにする。
3. 1にグリーンリーフ、ルッコラ、ベビーリーフをはさみ、絞り袋に入れたサワーマヨソースを細く絞る。その上にミラノサラミをのせ、さらにサワーマヨソースを絞り、2をのせる。ゆで卵の上に軽く塩、白こしょうをふり、仕上げにサワーマヨソースを絞る。

06 卵が名脇役 世界のサンドイッチ

Denmark
小えびと卵のスモーブロー
Smørrebrød med æg og rejer

デンマークの国民食ともいえる「スモーブロー」は、パンが見えないほどたっぷりの食材をのせた贅沢なオープンサンドです。スモーはバター、ブローはパンのことで、薄切りのパンにたっぷりバターを塗ってから食材を盛りつけ、ナイフとフォークでいただきます。デンマークの他、北欧の各国で親しまれており、シーフードとの組み合わせは定番です。中でも小えびと卵のスモーブローは人気メニューの一つです。

Sweden
スモーガストルタ
Smörgåstårta

　スウェーデンでパーティー料理の一つとして親しまれている「スモーガストルタ」は、ケーキのようにデコレーションされたサンドイッチの一種です。食材はお好みで組み合わせ、クリームチーズにサワークリームを合わせてベースにして、ハーブ入りのマヨネーズで調味します。彩りよくデコレーションすれば、定番の食材でも豪華な一皿になります。ディルなどのハーブをたっぷり使うと、北欧らしい味わいに仕上がります。

06 卵が名脇役 世界のサンドイッチ

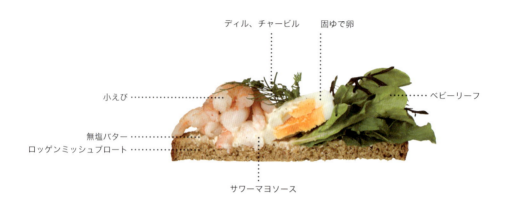

ディル、チャービル
固ゆで卵
小えび
ベビーリーフ
無塩バター
ロッゲンミッシュブロート
サワーマヨソース

小えびと卵のスモーブロー

材料(1枚分)
ロッゲンミッシュブロート※(10mmスライス) …… 1枚(30g)
無塩バター …… 6g
サワーマヨソース(p.35参照) …… 12g
固ゆで卵(p.10〜11参照) …… 1/2個
ベビーリーフ …… 3g
むきえび(小) …… 45g
レモン …… 1/8個
ディル …… 少々
チャービル …… 少々
塩 …… 少々
白こしょう …… 少々

※ロッゲンミッシュブロート(p.131参照)
ロッゲンミッシュブロート以外にも、ベルリーナラントブロートや、パン・ド・セーグルなどお好みのライ麦パンで代用できます。

作り方
1. 固ゆで卵は卵スライサーで輪切りにする。
2. むきえびは背わたを取る。小鍋に湯を沸かし、塩少々を入れ、さっとゆでザルに上げる。
3. ロッゲンミッシュブロートにバターを塗る。ベビーリーフをのせ、絞り袋に入れたサワーマヨソースを少々絞り、1をのせて上に塩、白こしょうを少々ふり、さらに残りのサワーマヨソースを絞ってから2をのせる。仕上げにディルとチャービルをのせ、くし切りにしたレモンを添える。

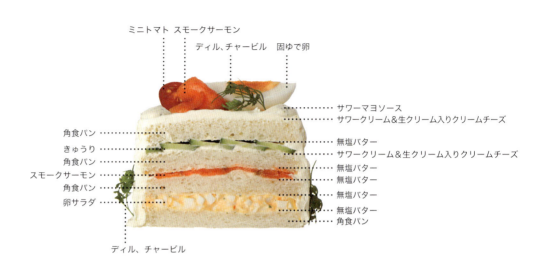

ミニトマト　スモークサーモン
ディル、チャービル　固ゆで卵
サワーマヨソース
サワークリーム＆生クリーム入りクリームチーズ
角食パン
きゅうり
無塩バター
角食パン
サワークリーム＆生クリーム入りクリームチーズ
スモークサーモン
無塩バター
角食パン
無塩バター
卵サラダ
無塩バター
無塩バター
角食パン
ディル、チャービル

スモーガストルタ

材料（1個／2〜3人分）

角食パン（10枚切り）…… 4枚
無塩バター …… 15g
サワーマヨソース（p.35参照）…… 60g
クリームチーズ …… 200g
生クリーム（乳脂肪分38％前後）…… 20g
サワークリーム …… 24g
固ゆで卵（p.10〜11参照）…… 2個
きゅうり …… 40g
スモークサーモン …… 30g
ミニトマト …… 2個
ディル …… 適量
チャービル …… 適量
塩 …… 少々
白こしょう …… 少々

角食パンを丸くくり抜いて使うと、2〜3人でいただくのにちょうどよいサイズになります。人数に応じてパンの枚数を増やしたり形を変えて、大きなサイズに作ることもできます。

作り方

1. クリームチーズと生クリーム、サワークリームをなめらかになるまで混ぜ合わせ、塩、白こしょうで味をととのえる。
2. 固ゆで卵は1/2個をデコレーション用に残し、残りを細目の裏ごし器でつぶし、サワーマヨソース15gを混ぜ合わせ、塩、白こしょうで味をととのえる。デコレーション用の固ゆで卵は3等分に縦切りする。
3. 角食パンを丸い抜き型で抜くか、包丁で丸く切る。
4. きゅうりは縦方向に2mmの厚さにスライスする。
5. 角食パン3枚の片面に無塩バターを3gずつ塗り、**2**をはさむ。上面に無塩バターを3g塗り、スモークサーモンを25gのせ、もう1枚の角食パンではさむ。
6. **5**の上に**1**を15g塗り、**4**をのせ、無塩バター3gを塗った角食パンではさむ。
7. **6**の全体を覆うように**1**を塗り、サワーマヨソースを絞り袋に入れて上面の縁に絞る。デコレーション用の固ゆで卵、残りのスモークサーモン、ミニトマトをトッピングし、ディルとチャービルを上部と周囲に飾る。

07
パンに合う 世界の卵料理

07 パンに合う世界の卵料理

エッグスラット
Eggslut

マッシュポテトの上に卵をのせて湯煎した朝食メニューで、アメリカ西海岸にある同名のお店での人気に火がつき、SNSを通じて世界中に広がりました。
クリーム状のマッシュポテトと半熟状の卵を混ぜ合わせて、パンにたっぷりつけていただきます。想像通りのシンプルな味わいですが、卵のコクでパンが進みます。
マッシュポテトにトリュフ塩やハーブを合わせるなど、お好みの味わいにアレンジして楽しめます。

材料（200㎖の耐熱容器3個分）
卵 …… 3個
マッシュポテト※ …… 330g
シブレット …… 少々
塩 …… 少々
白こしょう …… 少々
バゲットなどお好みのパン（スライス）…… 適量

※マッシュポテト（作りやすい量）
じゃがいも400gは皮ごと蒸し、熱いうちに皮をむき、裏ごしする。鍋に入れて中火で熱し、木べらでかき混ぜながら水分を飛ばし、角切りにした無塩バター50gを加えて練らないように混ぜ合わせる。バターが溶けたら、温めた牛乳80㎖を加えてのばす。塩、白こしょう、ナツメグ少々を加えて味をととのえる。

作り方
1. 耐熱容器にマッシュポテトを110gずつ入れ、その上に卵を割り入れる。アルミ箔でふたをする。
2. 鍋に1を入れ、容器の2/3の高さまで熱湯を入れて火にかける。白身がやわらかく固まるまで約10分湯煎する。
3. ふたを外し、卵の上に塩、白こしょう、シブレットのみじん切りをのせる。カリッとトーストしたパンを添える。

U.S.A.

材料(6カット分)

固ゆで卵(p.10〜11参照) …… 3個
マヨネーズ …… 30g
サワークリーム …… 15g
塩 …… 少々
白こしょう …… 少々
チャービル …… 少々
ディル …… 少々

作り方

1. 固ゆで卵は半分に切り、黄身を取り出す。黄身は細目の裏ごし器でつぶす。マヨネーズ、サワークリームを混ぜ合わせてなめらかにし、塩、白こしょうで味をととのえる。
2. 1を星形の口金を付けた絞り袋に入れ、白身を器にして絞り入れる。
3. 器に盛り、チャービル、ディルを添える。

デビルド・エッグ
Deviled eggs

フランスのウフ・マヨネーズ(p.167参照)と並ぶ、究極のシンプルゆで卵料理です。ゆで卵を半割りして黄身を取り出し、調味してから詰め直したもので、パーティーフードとして親しまれており、中でもキリストの復活を祝うイースターには欠かせません。デビルは「スパイシーな味つけ」を意味します。黄身にしっかり味つけをするので、予想外にはっきりとした味わいで、おつまみに喜ばれるのも納得です。
お好みのスパイスやハーブでアレンジしたり、スモークサーモンやキャビアをのせたり、リッチに仕上げてもよいでしょう。

U.S.A.

07 パンに合う世界の卵料理

スフレオムレツ
Omelette soufflée

France

フランスの巡礼地として知られるモン・サン＝ミッシェル名物のふわふわのオムレツは、卵とこの土地の名産でもあるバターだけで作られます。すぐに焼き上がり、口当たりも消化もよいオムレツは、長旅で疲れた巡礼者を癒したことでしょう。
プレーンオムレツなので現代の旅行者には物足りないかもしれませんが、コクのある卵とフランス産の有塩発酵バターを厳選して作ると味わい深い一品になります。すぐにしぼみ始めるので、アツアツのうちにいただきましょう。

材料（一皿分〈直径26cmのフライパン使用〉）
卵 …… 3個
有塩発酵バター
（できればフランス産）…… 15g
ベビーリーフなど
お好みのグリーンサラダ …… 適量
塩 …… 少々
白こしょう …… 少々

作り方
1. 卵を卵黄と卵白に分ける。卵白を角が立つまでしっかり泡立てる。卵白の1/3と卵黄を泡立て器で混ぜ合わせてから、残りの卵白を加え、ゴムべらでさっくりと混ぜ合わせる。
2. フライパンに有塩発酵バターを入れて中火にかける。バターが溶けたら1を流し入れる。火を弱めて2〜3分焼く。
3. 200℃に予熱したオーブンに2をフライパンごと入れてさらに2分焼く。表面も軽く焼き固まったら取り出し、半分に折って器に盛る。
4. グリーンサラダを添え、好みで、塩、白こしょうをかけていただく。

＊オーブンに入れず、フライパンにふたをして弱火で焼くこともできます。

ウフ・マヨネーズ

Œufs durs mayonnais

"ウフ・マヨ"と略されることも多い、フランスのビストロの定番前菜メニュー。ウフ（Œuf）はフランス語で卵の意味で、その名の通り固ゆで卵（Œuf dur）にマヨネーズを合わせるだけ。卵サンドの基本材料なので、パンに合うのは間違いありません。ビストロで見つけたら、是非お試しを。シンプルだからこそ味の違いがストレートに感じられ、シェフのこだわりが感じられます。
自分で作る際は、卵のゆで加減、マヨネーズの材料からこだわってみましょう。

France

材料（1皿分）
固ゆで卵(p.10〜11参照) …… 2個
手作りマヨネーズ
（p.32参照）…… 適量
サニーレタス、グリーンリーフなど
お好みのグリーンサラダ …… 適量
塩 …… 少々
エスプレット唐辛子
（カイエンヌペッパーでも可）…… 少々

作り方
1. 固ゆで卵と手作りマヨネーズを器に盛り、グリーンサラダを添える。
2. 仕上げにエスプレット唐辛子をふる。

＊手作りマヨネーズは、ビネガーの種類を変えたり、副材料を足したりして好みの味わいを探しましょう。アクセントとなる仕上げのスパイスやハーブでも、印象が大きく変わります。

07 パンに合う世界の卵料理

リヨン風サラダ

Salade Lyonnaise

フランス・リヨン地方の郷土料理であるリヨン風サラダは、葉物野菜の上にベーコン、ポーチドエッグ、クルトン、砂肝のコンフィなどがたっぷりのった、グルメな一皿です。ポーチドエッグの黄身を全体にからめると、まろやかな味わいになり、おいしくいただけます。
クルトンをパン・ペルデュ・サレに置き換えるとボリューム感も出て、よりリッチな印象に。ランチにも、ワインと一緒におつまみサラダとしても楽しめます。

材料(1皿分)

角切りパン・ペルデュ・サレ※ …… 2/3枚分
ポーチドエッグ(p.30〜31参照) …… 1個
ベーコン(塊) …… 30g
砂肝のコンフィ※ …… 40g
サニーレタス …… 2枚
エンダイブ …… 3〜4枚
ヴィネグレットソース(p.156参照) …… 適量
イタリアンパセリ(みじん切り) …… 少々
塩 …… 少々
黒こしょう …… 少々

※角切りパン・ペルデュ・サレ
基本のパン・ペルデュ・サレ(p.115参照)を16等分に切った角食パンで作る。

※砂肝のコンフィ(作りやすい量)
砂肝450gは半分に切って銀皮を取る。塩小さじ1と白こしょう少々をもみ込み、芯を取ったにんにく1片、タイム(フレッシュ)2枝、ローリエ1枚と合わせる(時間があればこのまま1時間〜ひと晩冷蔵庫におく)。砂肝とハーブ類を鍋に入れ、ひたひたになるまでE.V.オリーブ油を注ぎ中火にかける。ふつふつしてきたら火を弱め、80℃で1時間半煮る。100℃のオーブンに鍋ごと(ふたをして)入れて加熱してもよい。粗熱がとれたら、オイルごと保存容器に移して冷蔵庫で保存する。

作り方

1. サニーレタスとエンダイブは食べやすい大きさにちぎる。
2. ベーコンは拍子木切りにし、砂肝のコンフィは油を切り、それぞれをフライパンでカリッと炒めてザルに上げる。
3. 器に1、2、角切りパン・ペルデュ・サレをのせ、中央にポーチドエッグをのせる。
4. ポーチドエッグに軽く塩をふり、ヴィネグレットソースを全体にかけ、仕上げに粗くひいた黒こしょうとイタリアンパセリをかける。

France

ニース風サラダ

Salade Niçoise

フランス南西部、イタリアとの国境付近にあるニース地方発祥のサラダで、生野菜が中心で本来は加熱した野菜は入れていなかったと言われています。
近年はじゃがいもやいんげん入りの食べ応えがあるタイプが定番化し、フランス中のカフェやビストロの軽食メニューとして親しまれています。
パンを添えれば、ランチや軽めの夕食にも程よく、人気は国境を越え、フランスを代表するサラダとして世界中で愛されています。

France

材料（1皿分）

- サニーレタス …… 1枚
- グリーンリーフ ……… 2枚
- ベビーリーフ …… 少々
- 固ゆで卵（p.10～11参照）…… 1個
- じゃがいも …… 小2個（120g）
- いんげん …… 4本
- フルーツトマト …… 2個
- ブラックオリーブ …… 6個
- アンチョビ …… 2枚
- ツナ（オイル漬け・缶詰）…… 40g
- ヴィネグレットソース（p.156参照）…… 適量
- 塩 …… 少々
- 白こしょう …… 少々

作り方

1. じゃがいもは皮ごと蒸す。やわらかくなったら皮をむき、ひと口大に切る。いんげんも一緒に蒸し、半分に切る。
2. サニーレタスとベビーリーフはひと口大にちぎる。フルーツトマトは縦4等分に切る。
3. 器に1、2、グリーンリーフ、半分に切った固ゆで卵、油を切ったツナ、ブラックオリーブ、アンチョビを盛りつける。固ゆで卵の上に塩と白こしょうをふり、全体にヴィネグレットソースをかける。

07 パンに合う世界の卵料理

ウフ・アン・ムーレット
Œufs en meurette

France

フランス・ブルゴーニュ地方の郷土料理で、赤ワインのソースにポーチドエッグを浮かべたものです。この地方を代表する郷土料理である牛肉の赤ワイン煮込み、ブッフ・ブルギニョン（Bœuf bourguignon）の残り物のソースを再利用するために考えられた料理と言われており、これだけを作るとなると思いのほか手がかかります。今では独立した前菜として定着しており、ブルゴーニュのビストロでは定番メニューです。ブルゴーニュの赤ワインをたっぷり使ったソースは程よい酸味が心地よく、とろけた黄身によく合います。パンを添えれば、これだけでワインが進みます。

材料（2皿分）
赤ワイン（できればブルゴーニュ産） …… 300㎖
フォン・ド・ボー（缶詰）…… 200㎖
エシャロット（なければたまねぎで代用可）…… 1個（70g）
無塩バター …… 30g
薄力粉 …… 10g
ローリエ …… 1枚
ポーチドエッグ（p.30〜31参照）…… 4個
塩 …… 少々
白こしょう …… 少々
〈トッピング〉
マッシュルーム …… 6個
ベーコン（塊）…… 50g
イタリアンパセリ（みじん切り）…… 少々
無塩バター …… 適量
塩 …… 少々
白こしょう …… 少々
パン・ド・セーグル（スライス）…… 適量

作り方
1. エシャロットはみじん切りにする。
2. 無塩バター10gと薄力粉10gを練り合わせておく。
3. 鍋に残りの無塩バターを溶かし、1を炒める。しんなりしてきたら赤ワインを注ぎ、よく混ぜ合わせて半量になるまで煮詰める。
4. 3にフォン・ド・ボーとローリエを加えて半量になるまで煮詰めたら、目の細かいザルで濾す。鍋に戻して塩、白こしょうで味をととのえ、2を少量ずつ加え、混ぜながら加熱してとろみをつける。
5. マッシュルームは4等分に切り、無塩バターを溶かしたフライパンで炒め、塩、白こしょうで味をととのえる。ベーコンは拍子木切りにし、フライパンで炒めてザルに上げる。
6. 器に4を注ぎ、ポーチドエッグをのせる。5とパン・ド・セーグルを添え、ポーチドエッグの上にイタリアンパセリと塩をかける。

ウフ・ア・ラ・ピペラード
Œufs à la piperade

ピペラードはフランス・バスク地方の郷土料理で、たっぷりのパプリカとトマト、たまねぎ、にんにくをオリーブ油で炒め合せて作ります。生ハムとこの地方の特産品であるエスプレット唐辛子がバスクらしい香りを添え、華やかさはなくとも味わい深い一品です。
鶏肉と合わせたバスク風煮込みや、メイン料理のソースとして使うこともありますが、卵との組み合わせが定番です。卵とじにしたり、ポーチドエッグをのせたりとさまざまなアレンジがありますが、ここでは、とろとろのスクランブルエッグをのせて彩りよく仕上げました。

France

材料（1皿分）
- パプリカ（赤、緑）…… 4個（600g）
- たまねぎ …… 2個（360g）
- トマト … 大1個（250g）
- にんにく …… 2片
- ハモンセラーノ（生ハム）…… 4枚
- E.V.オリーブ油 …… 大さじ4
- 卵 …… 2個
- 塩 …… 少々
- 白こしょう …… 少々
- エスプレット唐辛子（カイエンヌペッパーでも可）…… 少々
- イタリアンパセリ…… 少々

作り方
1. パプリカは種と中綿を取り、5mmの棒状に切る。たまねぎは薄切りにする。トマトは1cmの角切りにする。にんにくは芯を取り、みじん切りにする。生ハム2枚はひと口大に切る。
2. 鍋にE.V.オリーブ油大さじ3を熱し、にんにくを炒める。香りが出てきたら、ひと口大に切った生ハム、たまねぎとパプリカを加え、軽く塩をしてパプリカがしんなりするまで炒める。
3. 2にトマトを加えて、水分を飛ばしながら炒め煮る。全体がなじんでとろりとしてきたら、塩、白こしょう、エスプレット唐辛子を加えて味をととのえる。
4. 卵をボウルに割りほぐし、塩、白こしょうで味をととのえる。
5. フライパンにE.V.オリーブ油大さじ1を熱し、4を入れてスクランブルエッグを作る（p.24〜25参照）。
6. 生ハム2枚はフライパンで両面を軽く焼く。
7. 器に3を盛り、5をのせる。仕上げにエスプレット唐辛子と、せん切りにしたイタリアンパセリをのせ、6を添える。

07 パンに合う世界の卵料理

材料(直径20cmのフライパン1枚分)

卵 …… 4個
じゃがいも …… 中3個(300g)
たまねぎ …… 1/2個(100g)
にんにく … 1/2片
E.V.オリーブ油 …… 大さじ5
塩 …… 小さじ1弱

作り方

1. じゃがいもは皮をむき、7mmの厚さのいちょう切りにする。たまねぎは薄くスライスする。にんにくは芯を取り、みじん切りにする。
2. フライパンにE.V.オリーブ油と1を入れ、全体にE.V.オリーブ油をなじませてから中火にかける。にんにくの香りが出てきたら弱火にし、かき混ぜながらじゃがいもがやわらかくなるまでじっくりと炒め揚げにする。塩小さじ1/4を加えて下味をつける。
3. 2をザルに上げ、余分なE.V.オリーブ油を切る。
4. ボウルに卵を割り入れて溶きほぐす。残りの塩と3を合わせてよく混ぜ合わせる。
5. 3のE.V.オリーブ油大さじ2を直径20cmのフライパンに入れて中火にかけ、4を流し入れる。卵がふんわりとしてきたら木べらでゆっくりとかき混ぜるように火を入れる。ふたをして火を弱め、周囲がかたまり底面に焼き色がつくまでじっくりと焼く。
6. 5を皿に滑らせるように取り出し、皿の上にフライパンをのせて裏返してさらに中火で全体に焼き色がつくまで焼く。

トルティージャ
Tortilla de patatas

じゃがいもやたまねぎなどの食材をたっぷり入れて平らな丸形に焼いたオムレツで、ケーキのように切り分けていただきます。そのままでタパスやピンチョスなどのおつまみとして、また、バゲットにはさんだスペイン風サンドイッチ、ボカディージョ(Bocadillo)も人気です。
じゃがいも、たまねぎ、にんにくをたっぷりのオリーブ油で炒め揚げにすることで、じゃがいもがほっくりと香りよく仕上がります。味つけは塩だけ。シンプルだからこそ、食材の調和が感じられ、飽きることなく楽しめます。

Spain

材料(3～4人前)

トマト …… 500g
バゲット(食パンでも可) …… 70g
にんにく …… 1/2片
E.V.オリーブ油 …… 大さじ2
白ワインビネガー …… 大さじ1
はちみつ …… 小さじ1～2
塩 …… 小さじ1/2
白こしょう …… 少々
〈トッピング〉
ハモンセラーノ(生ハム) …… 2枚
固ゆで卵 (p.10～11参照) …… 2個
きゅうり …… 1本
ルッコラ …… 適量
E.V.オリーブ油 …… 少々
エスプレット唐辛子(カイエンヌペッパーでも可) …… 少々

作り方

1. トマトは湯むきしてひと口大に切り、はちみつを合わせる。
2. バゲットはひと口大に切り、100mlの水をかけてふやかす。
3. 1と2と芯を取ったにんにく、E.V.オリーブ油、白ワインビネガー、塩、白こしょうを合わせてミキサーにかけ、なめらかにする。
4. きゅうりと固ゆで卵は角切りにする。
5. 3を器に盛り、4とハモンセラーノ、ルッコラを彩りよく添え、E.V.オリーブ油をかける。仕上げにエスプレット唐辛子をかける。

サルモレホ

Salmorejo

Spain

スペイン・アンダルシア地方の家庭料理で、ガスパチョ(Gazpacho)によく似た冷製スープです。ガスパチョがトマト、パプリカ、きゅうりやたまねぎなど複数の野菜が入るのに対し、こちらはトマトだけ。パンでしっかりととろみをつけるのも特徴的です。トッピングにはゆで卵とハモンセラーノを添えるのがお決まりで、食欲のない夏の栄養補給食にピッタリです。お好みできゅうりやルッコラをトッピングすると、彩りも食感も楽しいサラダのようなスープになります。

ソパ・デ・アホ
Sopa de ajo

Spain

スペイン語で、ソパ（Sopa）はスープ、アホ（Ajo）はにんにくのこと。その名の通り、にんにくたっぷりのスープです。スペインのカスティーリャ地方の家庭料理で、古くてかたくなったパンを食べるために羊飼いが作っていたと言われており、パンを添えるのではなく、メインの具材がパンなのです。
にんにくと生ハムをオリーブ油で炒めることで、香りとコクがしっかり出て、水だけとは思えない深い味わいに。卵でとじるとおじやのようです。にんにく効果で身体がすぐに温まるのもいい点です。寒い日に、風邪を引きそうな時に、おすすめです。

材料（2人分）
バゲット …… 80g
E.V.オリーブ油 …… 大さじ2
にんにく …… 3片
パプリカパウダー …… 小さじ1/4
ハモンセラーノ（生ハム）…… 50g
卵 …… 1個
塩 …… 少々
白こしょう …… 少々

作り方
1. バゲットはひと口大に切る。にんにくは芯を取り、薄くスライスする。
2. ボウルに卵を入れ、溶きほぐす。
3. 鍋にE.V.オリーブ油とにんにくを入れて、弱火で炒める。香りが出てきたら、パプリカパウダーとちぎったハモンセラーノを加えて炒める。さらにバゲットを加えて炒める。
4. 3に水600㎖（分量外）を加えて中火にかけ、塩、白こしょうで味をととのえる。沸騰したら2を加えて軽くかき混ぜ、火を止める。

アクアコッタ
Acquacotta

古くなったパンを使う料理やスープは、人々の生活の知恵から生まれたもので、ヨーロッパの各地でさまざまなメニューがあります。
アクアコッタは"水で煮た"という意味で、その名の通り、ブイヨンは使わず水で調理します。イタリア・トスカーナはマレンマ地方の農村地帯で生まれた料理で、かたくなったパンと半熟卵が基本で、その時々に家にある野菜で作られます。庶民の食べ物なので家庭ごとにバリエーションが豊富です。
カリッと焼いたパンを添え、スープを吸い込んでやわらかくなったパン、カリカリのパン、それぞれの食感を楽しんだ後は、半熟の黄身を混ぜ合わせていただきます。

Italy

材料(3〜4人前)
バゲット(カンパーニュでも可) …… 適量
卵 …… 3〜4個
カットトマト缶詰 …… 1缶(400g)
たまねぎ …… 1/2個
にんにく …… 1/2片
セロリ …… 1/2本
なす …… 1本
ズッキーニ …… 1/2本
パプリカ(赤・黄) …… 各1/2個
E.V.オリーブ油 …… 大さじ4
はちみつ …… 小さじ2
塩 …… 小さじ1
白こしょう …… 少々
パルメザンチーズ(すりおろす) …… 少々

作り方
1. たまねぎは薄切りに、にんにくは芯を取りみじん切りにする。セロリは筋を取り、茎を斜めに薄くスライスし、葉は粗く刻む。なす、ズッキーニ、パプリカはひと口大に切る。
2. 鍋にE.V.オリーブ油を入れ、たまねぎとにんにくを炒める。香りが出てきたら、セロリの葉以外の野菜を入れて炒め合わせる。ふたをして火を弱め、野菜の旨みを引き出すよう、時々木べらで返しながらじっくりと火を通す。
3. カットトマト缶詰と水500㎖(分量外)を2に加えて中火にかける。沸騰したら火を弱めて15分ほど煮る。塩、白こしょう、はちみつを加えて味をととのえたら、セロリの葉を加え、卵を割り入れてふたをし、白身が固まるまで火を通す。
4. バゲットはスライスして、軽くトーストする。
5. 3を器に盛り、4を添える。仕上げにE.V.オリーブ油適量(分量外)とパルメザンチーズをかける。

07 パンに合う世界の卵料理

材料(5個分)

半熟ゆで卵(p.10~11参照)……5個
合いびき肉……400g
たまねぎ(みじん切り)……100g
無塩バター……15g
卵……1個
パン粉……20g
牛乳……大さじ1
塩……小さじ1
白こしょう……少々
ナツメグ……少々
パセリ(みじん切り)……小さじ2
パン粉、薄力粉、溶き卵、揚げ油
……それぞれ適量
トマトクリームソース※……適量
ベビーリーフ……適量

※トマトクリームソース(作りやすい量)
鍋に無塩バター15gを溶かし、芯を取ったにんにく(みじん切り)1/2片とたまねぎ(みじん切り)160gを炒める。カットトマト缶詰(400g)と生クリーム(乳脂肪分38%前後)100mℓ、塩小さじ1、グラニュー糖ひとつまみ、白こしょう少々を加えてとろみがつくまで煮詰めてから、ミキサーにかける。

作り方

1. フライパンに無塩バターを溶かし、たまねぎを炒め、粗熱をとる。
2. ボウルに合いびき肉、塩、白こしょう、ナツメグを入れ、よくこねる。
3. パン粉に牛乳をかけておく。
4. 2に卵を割り入れ、1と3とパセリも加えてさらによくこね、5等分にする。
5. 4をラップの上にのせ、平らにのばす。半熟ゆで卵に薄力粉をまぶしてからラップごと包み込む。ラップを外し、周りに薄力粉をまぶして形を整えたら、溶き卵、パン粉を順に付ける。
6. 揚げ油を160℃に熱し、約7分、転がしながら揚げる。衣が色づき、カリッとしたら取り出す。
7. 半分に切って器に盛りつけ、トマトクリームソースとベビーリーフを添える。

スコッチ・エッグ

Scotch eggs

ロンドンの高級百貨店が1738年に考案したと言われており、イギリスの惣菜店では定番のお惣菜です。ピクニック・フードやおつまみとして愛されており、さまざまなバリエーションがあります。
ゆで卵をひき肉で包みパン粉をまぶして揚げるのが基本スタイル。パン粉で包まれているので、パンを添えなくても十分な食べ応えがあります。元々、旅人のための栄養価の高い携行食として考案されたのも、食べてみると納得です。

England

イングリッシュ・ブレックファスト
English breakfast

イギリスで最もおいしい食事と言われているのが、「イングリッシュ・ブレックファスト」や「フル・ブレックファスト」と呼ばれる朝食メニューです。ベーコンと卵、焼きトマト、マッシュルーム、ベイクド・ビーンズ、ソーセージ、そしてバタートーストが基本で、全ての食材に火を通しているのも特徴です。コーヒーもしくは紅茶の温かい飲み物が付きます。

オール・デイ・ブレックファスト（All day breakfast）として一日中提供されるカフェも多く、これらの食材をパンにはさんだサンドイッチメニューも人気です。

England

材料（1皿分）
角食パン（10枚切り）…… 1枚
半熟目玉焼き（p.28〜29参照）…… 1個分
ベーコン …… 1枚
トマト（12mmスライス）…… 2枚
ソーセージ …… 2本
ブラウンマッシュルーム …… 4個
ベイクド・ビーンズ※（缶詰）…… 適量
無塩バター …… 適量
塩 …… 少々
白こしょう …… 少々
黒こしょう …… 少々
E.V.オリーブ油 …… 少々

※ベイクド・ビーンズ
白いんげん豆の一種であるネイビービーンズをトマトピュレや香辛料で煮込んだもので、缶詰を使うのが一般的。

作り方
1. フライパンに無塩バターを溶かし、半分に切ったブラウンマッシュルームを炒める。塩、白こしょうで味をととのえる。
2. フライパンにE.V.オリーブ油を入れて熱し、ソーセージとトマトを焼く。トマトは両面に塩、黒こしょうをふり、軽く焼き色をつける。
3. 角食パンはトーストし、無塩バターを塗る。
4. 1、2、3と半熟目玉焼き、温めたベイクド・ビーンズを器に盛る。

ホワイトアスパラガスのオランデーズソース添え

Spargel mit sauce Hollandaise

ドイツの春の味覚といえばホワイトアスパラガスであり、多くのドイツ人がその収穫を心待ちにしています。塩ゆでして、オランデーズソースをかけ、じゃがいもとハムが添えるのが定番のスタイルです。繊細な印象のホワイトアスパラガスに、オランデーズソースをたっぷり合わせることで、味わいの輪郭がはっきりと感じられるようになります。
ここにはライ麦パンも添えましょう。バターたっぷりのオランデーズソースは、酸味のあるパンとの相性もなかなかなのです。

Germany

材料(1皿分)

ホワイトアスパラガス …… 5〜7本
オランデーズソース(p.33参照) …… 適量
じゃがいも …… 1個
生ハム(あればシンケンシュペック) …… 1枚
パセリ(みじん切り) …… 少々
塩 …… 少々
白こしょう …… 少々
カイエンヌペッパー …… 少々
ライ麦パン(ベルリーナラントブロート) …… 2枚

作り方

1. ホワイトアスパラガスは根元のかたい部分を切り落とし、ピーラーを使って穂先を3cm程度残して皮をむく。切り落とした根元と皮を一緒にゆでると香りよく仕上がるので残しておく。
2. 鍋に湯を沸かし、塩を入れ、1をゆでる。中心に軽く芯が残る程度にゆでて、ゆで汁につけたまま冷ます(多めにゆでる場合は、ゆで汁につけたまま冷蔵庫で保存する)。
3. じゃがいもは皮ごとやわらかくなるまで蒸してから皮をむき、塩、白こしょう、パセリをかける。
4. 器にホワイトアスパラガス、3、生ハムをのせ、ホワイトアスパラガスの上にオランデーズソースをたっぷりかけ、カイエンヌペッパーをふる。薄くスライスしたライ麦パンを添える。

レバーケーゼと目玉焼きのジャーマンポテト添え

Leberkäse mit spiegelei und bratkartoffeln

ヨーロッパの中でもドイツの食肉加工品は多彩で特色があります。特にソーセージは地域ごとに数え切れないほどの種類があり、形状やサイズ、味や食べ方もさまざまです。型に入れて焼き上げたレバーケーゼは、厚切りにしてステーキにし、目玉焼きをのせるのが定番。半熟の黄身をソース代わりにするのがおいしさの決め手で、サンドイッチにしても間違いありません。
付け合わせはジャーマンポテトをメインに、ザワークラウトにピクルス、マスタードも添えて。パンとビールがあれば完璧な組み合わせです。

Germany

材料(1皿分)
レバーケーゼ(15mmスライス) …… 2枚
半熟目玉焼き(p.28〜29参照) …… 1枚
ジャーマンポテト※ …… 適量
ザワークラウト …… 適量
きゅうりのピクルス …… 2本
マスタード …… 適量
塩 …… 少々
黒こしょう …… 少々
サラダ油 …… 少々

※ジャーマンポテト(作りやすい量)
ベーコン1枚は細切りにする。じゃがいも3個は皮をむき、ひと口大に切る。たまねぎ1/4個をスライスする。フライパンに無塩バター15gを溶かし、ベーコン、じゃがいも、たまねぎをじっくり炒める。塩、白こしょうで味をととのえ、パセリのみじん切りを合わせる。

作り方
1. フライパンにサラダ油を入れて中火にかけ、レバーケーゼを焼く。焼き色がついたら裏返し、両面を焼く。
2. 器にレバーケーゼをのせ、その上に半熟目玉焼きをのせ、塩、黒こしょうをふる。ジャーマンポテト、ザワークラウト、きゅうりのピクルス、マスタードを添える。

08 パンと卵のデザート

08 パンと卵のデザート

パンドーロとザバイオーネ

パンドーロ（Pan doro）は、黄金色のパンという意味のイタリアの伝統的な発酵菓子です。卵とバターがたっぷり入ったリッチな配合で、その名の通り黄金色。パンドーロに添えたいのが、卵黄とワインで作る大人のデザートソース「ザバイオーネ」です。ふんわりと空気を含んだ香り高いザバイオーネをたっぷりつけたパンドーロは、とびきり贅沢な味わいです。

材料(1皿分)

パンドーロ(スライス) …… 2枚
ザバイオーネ(p.39参照) …… 適量
粉糖 …… 少々

作り方

パンドーロを器に盛り、ザバイオーネをお好みでたっぷりと添える。仕上げに茶こしで粉糖をふる。

ワンポイント

1人分のプレートなら、パンドーロは中心から角に向かって放射状にカットして。数人前のプレートなら、横にスライスして星の形を楽しみながらシェアするのもよいでしょう(p.133参照)。

パンドーロとザバイオーネでアレンジして！
パンドーロとベリーのザバイオーネグラタン

スライスしたパンドーロとベリーにザバイオーネをたっぷりかけて焼き上げたデザートグラタンは、シンプルながらも印象的な一皿です。温かなパンドーロとザバイオーネは、よりふんわりと香り高く、口の中でとろけます。ベリーの甘酸っぱさがよいアクセントになります。ここでは、フレッシュなラズベリーとブルーベリーを使いましたが、冷凍ミックスベリーを使うと手軽です。

材料(1皿分)

パンドーロ(スライス) ……2枚
ザバイオーネ(p.39参照) …… 適量
お好みのベリー
(ラズベリー、ブルーベリー、ブラックベリーなど) …… 適量
粉糖……少々

作り方

1. パンドーロとベリーを耐熱皿にのせ、ザバイオーネをたっぷりとかける。
2. 200℃に予熱したオーブンに入れる。ザバイオーネがふんわりとして軽く焼き色がつくまで5〜8分焼く。
3. 仕上げに茶こしで粉糖をふる。

08 パンと卵のデザート

アーモンドとココナッツのテュイルラスク

薄切りのバゲットで作る定番ラスクにひと手間かけて。卵白を使ったテュイル生地を合わせて香ばしく焼き上げました。バゲットは下焼きすることで、水分がしっかり飛んでサクサクになります。ベースのテュイル生地に合わせるのはアーモンドでもココナッツでもお好みで選んでください。残り物ではなく、わざわざバゲットを買ってきて作りたくなるおいしさです。

アーモンドのテュイルラスク
材料(作りやすい分量)

バゲット …… 1/2本
卵白 …… 50g
グラニュー糖 …… 60g
薄力粉 …… 18g
無塩バター …… 25g
アーモンドスライス …… 55g

ココナッツのテュイルラスク
材料(作りやすい分量)

バゲット …… 1/2本
卵白 …… 50g
グラニュー糖 …… 60g
薄力粉 …… 18g
無塩バター …… 25g
ココナッツロング …… 35g

作り方

1. バゲットは7mm程度の厚さにスライスする。160℃に予熱したオーブンで約15分焼く。
2. バターを湯煎で溶かす。薄力粉をふるう。
3. ボウルに卵白を入れ、グラニュー糖を加えてすり混ぜる。さらに薄力粉を加えてサックリと練らないように混ぜ合わせる。溶かしバターを加えて混ぜたら、アーモンドスライスもしくはココナッツロングを合わせる。
4. 3を1のバゲットにたっぷり塗る。
5. オーブンを180℃に予熱し、色づくまで約10分焼く。

ベースのテュイル生地に対して、ココナッツロング、アーモンドスライスの割合が多めです。しっかり混ぜ合わせ、バゲットに平らにのばしながら塗ります。バゲットの気泡にテュイル生地が入っても大丈夫。底面までカリッと香ばしく焼き上がります。

08 パンと卵のデザート

ブリオッシュの
フルーツサンド

卵とバターたっぷりのブリオッシュで作るフルーツサンドは、ケーキのようでいてやっぱりサンドイッチだと実感できる特別なおいしさがあります。ブリオッシュならではの、ふくよかな風味と口溶けのよさがフルーツの個性をしっかりと受け止めてくれます。季節のフルーツでアレンジして、お楽しみください。

材料（3種各1組分）
ブリオッシュ・ナンテール（12mmスライス）…… 6枚
マスカルポーネ＆生クリーム※…… 90g
いちご …… 4個
シャインマスカット …… 4粒
甘夏みかん（缶詰）…… 4房
ピスタチオ …… 少々

※マスカルポーネ＆生クリーム（作りやすい量）
マスカルポーネ100gにはちみつ10gを混ぜ合わせる。生クリーム（乳脂肪分38％前後）100mlにグラニュー糖10gを加えて8分立てにする。マスカルポーネと生クリームを泡立て器でしっかりと混ぜ合わせる。

作り方
1. ブリオッシュ・ナンテールの片面にマスカルポーネ＆生クリームを15gずつ塗る。中央部分が高めになるようにふんわりと塗る。
2. 1にフルーツをのせる。2等分にカットするので、そのカット位置と仕上がりをイメージしてフルーツを並べる。いちご、シャインマスカット、甘夏みかん、それぞれを中心部に3個ずつ並べ、1個は4等分にカットしてその上下にのせてはさむ。
3. フルーツの隙間がクリームで埋まるように手のひらで全体をやさしく押さえる。上下の耳は薄く切り落としてから半分に切る。仕上げに粗みじん切りにしたピスタチオを散らす。

フルーツサンドはフルーツの並べ方が重要です。半分に切る場合は、カット位置となる中央部分にフルーツがぎっしり詰まっているように並べます。上下の隙間がないように小さくカットしたフルーツを入れると、カット後もフルーツが下に落ちることなく食べた時のバランスもよくなります。

08 **パンと卵のデザート**

ブリオッシュのファルシ

卵とバターがたっぷりのブリオッシュ・ア・テットは、食べやすいサイズや形状を生かしてデザートの素材として楽しめます。ぽっこり膨らんだ頭を切って中をくり抜いたら、クリームとベリーを詰めるだけ。クリームとベリーが合わさったブリオッシュは口溶けがよく、食後にもペロリといただけるおいしさです。

材料（3個分）
ブリオッシュ・ア・テット …… 3個
生クリーム＆カスタード（p.38参照）……150g
ラズベリー …… 8個
ブルーベリー …… 10個
ブラックベリー …… 3個
粉糖 …… 少々
ミント …… 少々

作り方
1. ブリオッシュ・ア・テットの頭の部分を切り、下部の中身をくり抜く（p.132参照）。
2. 生クリーム＆カスタードを、星口金を付けた絞り袋に入れる。
3. ブリオッシュ・ア・テットの内側に**2**を絞り入れ、ベリーとクリームを交互に詰める。上部にもクリームを絞り、ベリーを飾る。
4. ブリオッシュ・ア・テットの頭の部分をのせ、仕上げに粉糖をふり、ミントの葉を添える。

＊ここでは、カスタードクリームとクレーム・シャンティイを合わせたクレーム・ディプロマットを使用して軽やかに仕上げていますが、合わせるクリームはお好みで。より手軽に作るなら、生クリームとグラニュー糖を泡立てたクレーム・シャンティイだけでもOKです。カスタードクリームだけなら、しっかりとした食べ応えです。

ブリオッシュ・ア・テットのくり抜きには、ピーリングナイフがあると便利です。内側にカーブした刃は小回りがきき、手間なくきれいにくり抜くことができます。

08 パンと卵のデザート

ブリオッシュのグラタン オレンジ風味

ブリオッシュ・ア・テットの中にはマーマレード入りのクリームチーズをたっぷり詰めて。オレンジが香るさわやかなアパレイユを流し込んで焼き上げました。寒い季節には焼きたてのアツアツを。冷蔵庫で冷やしてもおいしくいただけます。

材料(容量1.1ℓの耐熱皿一皿分)
ブリオッシュ・ア・テット …… 4個
無塩バター …… 10g
クリームチーズ …… 100g
マーマレード …… 70g
卵 …… 3個
オレンジジュース(100%) …… 200㎖
グラニュー糖 …… 40g
アーモンドスライス …… 7g
コアントロー …… 大さじ1
粉糖 …… 適量

作り方

1. ブリオッシュ・ア・テットの頭の部分を切り、下部の中身をくり抜く(p.132参照)。
2. クリームチーズとマーマレードを混ぜ合わせ、絞り袋に入れる。
3. 耐熱皿の内側に無塩バターを塗り、1を入れる(写真①)。ブリオッシュ・ア・テットのくり抜いた内側に2を絞り入れる。
4. ボウルに卵を入れ、グラニュー糖を加えてすり混ぜる。オレンジジュースとコアントローも加えよく混ぜ合わせたら、3に注ぎ入れる。10分ほどおき、アパレイユをブリオッシュ・ア・テットにしみ込ませ、アーモンドスライスをのせる(写真②)。
5. 4を180℃に予熱したオーブンで約30分焼く。
6. 仕上げに粉糖をふる。

くり抜いたブリオッシュ・ア・テットは、底部を耐熱皿全体に置いてから、頭の部分とくり抜いた中身を隙間に入れる。

アパレイユを注ぎ入れたら、ブリオッシュ・ア・テットを軽く押さえ、しっかりと吸わせるようにする。

ナガタユイ
Food coordinator

食品メーカー、食材専門店でのメニューおよび商品開発職を経て独立。サンドイッチやパンのある食卓を中心に、メニュー開発コンサルティング、書籍や広告のフードコーディネートなど、幅広く食の提案に携わる。日本ソムリエ協会認定ソムリエ、チーズプロフェッショナル協会認定チーズプロフェッショナル、中医薬研究会認定中医国際薬膳士、ル・コルドンブルー・グランディプロム取得。著書に『サンドイッチの発想と組み立て』(誠文堂新光社)『テリーヌ&パテ』(河出書房新社)などがある。

参考文献
『フランス 食の事典』(白水社)、『新ラルース料理大辞典』(同朋舎)、『たまご大辞典』(工学社)

調理アシスタント　石村亜希、坂本詠子
撮影　　　　　　　髙杉 純
デザイン・装丁　　那須彩子(苺デザイン)
編集　　　　　　　矢口晴美

卵サンドの探求と料理・デザートへの応用
卵とパンの組み立て方　NDC596

2019年2月14日　発 行

著　者　ナガタユイ
発行者　小川雄一
発行所　株式会社 誠文堂新光社
　　　　〒113-0033　東京都文京区本郷3-3-11
　　　　(編集)電話03-5805-7285
　　　　(販売)電話03-5800-5780
　　　　http://www.seibundo-shinkosha.net/
印刷・製本　図書印刷株式会社

©2019, Yui Nagata.
Printed in JAPAN　検印省略　禁・無断転載
落丁・乱丁本はお取り替え致します。

本書のコピー、スキャン、デジタル化等の無断複製は、著作権法上での例外を除き、禁じられています。本書を代行業者等の第三者に依頼してスキャンやデジタル化することは、たとえ個人や家庭内での利用であっても著作権法上認められません。

JCOPY <(一社)出版者著作権管理機構 委託出版物>
本書を無断で複製複写(コピー)することは、著作権法上での例外を除き、禁じられています。本書をコピーされる場合は、そのつど事前に、(一社)出版者著作権管理機構(電話03-5244-5088／FAX 03-5244-5089／e-mail:info@jcopy.or.jp)の許諾を得てください。

ISBN978-4-416-61840-0